Priv.-Doz. Dr. Alexander Thiele

Staatshaftungsrecht

3. Auflage 2015

ISBN 978-3-86724-077-2

3. Auflage 2015

© 2015 niederle media

Bezug möglich direkt vom Verlag
niederle media
48341 Altenberge
Fax (02505) 93 98 99
E-Mail: info@niederle-media.de
www.niederle-media.de

▶ Vorwort

Das Staatshaftungsrecht gilt bei vielen Studentinnen und Studenten als äußerst komplexes und schwer zu durchdringendes Rechtsgebiet. Ein vereinheitlichendes Staatshaftungsgesetz fehlt, der Großteil der Anspruchsgrundlagen ist richterrechtlich entwickelt oder zumindest in weiten Teilen ausgeformt und präzisiert worden. Bis heute sind zahlreiche Fragen ungeklärt, hinzu tritt seit einigen Jahren noch der europarechtliche Haftungsanspruch, der manche der bestehenden nationalen Haftungsinstitute modifiziert und die ganze Angelegenheit damit zumindest nicht einfacher gemacht hat. Vor diesem Hintergrund wird im Bereich des Staatshaftungsrechts daher nicht selten „auf Lücke" gesetzt.

Eine solche Vorgehensweise kann freilich kaum empfohlen werden. Tatsächlich werden im Examen immer wieder und immer häufiger (auch) haftungsrechtliche Kenntnisse verlangt. Gerade durch das Europarecht und die daran gekoppelte Infragestellung nationaler Haftungsinstitute ist das bis dahin etwas verstaubte Staatshaftungsrecht auch bei den Prüfern wieder in das direkte Blickfeld geraten.

Bei näherem Hinsehen zeigt sich ohnehin, dass die studentischen Ängste jedenfalls im Kern unbegründet sind. Denn wenngleich es an einer umfassenden Kodifizierung tatsächlich mangelt, ist auch das Staatshaftungsrecht keineswegs so undurchdringbar wie es bisweilen erscheinen mag. Schon mit der Kenntnis einiger weniger haftungsrechtlicher Grundsätze und der wichtigsten Leitentscheidungen wird man vielmehr in die Lage versetzt, zumindest den Großteil der denkbaren examensrelevanten Fragestellungen einer vertretbaren Lösung zuzuführen.

Die Vermittlung dieser haftungsrechtlichen Grundsätze in ihrer richterrechtlichen Ausprägung bezweckt auch dieses Kurzlehrbuch. Behandelt werden sämtliche examensrelevanten Haftungsinstitute, wobei zugleich auf aktuelle Entscheidungen – etwa zum Amtshaftungsanspruch oder zur öffentlich-rechtlichen GoA – eingegangen wird. In den Fußnoten finden sich Hinweise für eine Vertiefung der angesprochenen Probleme, am Ende der Kapitel wird auf weiterführende Literatur und Fallbearbeitungen verwiesen.

Göttingen, im Februar 2015   *Alexander Thiele*

▶ Inhalt

▶ Unsere 📖 Skripten 📑 Karteikarten 🎧 Hörbücher (CD & MP3)

Zivilrecht

- 📖 Standardfälle für Anfänger (7,90 €)
- 📖 🎧 Standardfälle BGB AT (7,90 €)
- 📖 🎧 Standardfälle Schuldrecht (7,90 €)
- 📖 🎧 Standardfälle Ges. Schuldverh., §§ 677, 812,823
- 📖 🎧 Standardfälle Sachenrecht (9,90 €)
- 📖 🎧 Standardfälle Familien- und Erbrecht (9,90 €)
- 📖 Klausuren Übung für Fortgeschrittene (7,90 €)
- 📖 🎧 Basiswissen BGB (AT) (Frage-Antwort)
- 📖 🎧 Basiswissen SchuldR (AT) 📖 🎧 SchuldR (BT) (7 €)
- 📖 🎧 Basiswissen Sachenrecht, 📖 🎧 FamR, 📖 🎧 ErbR
- 📖 Einführung in das Bürgerliche Recht (7,90 €)
- 📖 Studienbuch BGB (AT) (12 €)
- 📖 Studienbuch Schuldrecht (AT) (12 €)
- 📖 Schuldrecht (BT) 1 - §§ 437, 536, 634, 670 ff. (7,90 €)
- 📖 Schuldrecht (BT) 2 - §§ 812, 823, 765 ff. (7,90 €)
- 📖 SachenR 1 – Bewegl. S., 📖 SachenR 2 – Unb. S. (7,9 €)
- 📖 Familienrecht und 📖 Erbrecht (Einführungen) (7,90 €)
- 📖 Streitfragen Schuldrecht (7,90 €)
- 📖 🎧 Definitionen für die Zivilrechtsklausur (9,90 €)

Strafrecht

- 📖 🎧 Standardfälle für Anfänger Band 1 (9,90 €)
- 📖 Standardfälle für Anfänger Band 2 (7,90 €)
- 📖 Standardfälle für Fortgeschrittene (12 €)
- 📖 🎧 Basiswissen Strafrecht (AT) (Frage-Antwort)
- 📖 🎧 Basiswissen Strafrecht BT 1 und 📖 🎧 BT 2 (7 €)
- 📖 Strafrecht (AT) (7,90 €)
- 📖 Strafrecht (BT) 1 – Vermögensdelikte (9,90 €)
- 📖 Strafrecht (BT) 2 – Nichtvermögensdelikte (9,90 €)
- 📖 🎧 Definitionen für die Strafrechtsklausur (7,90 €)

Irrtümer und Änderungen vorbehalten!

Öffentliches Recht

- 📖 Standardfälle Staatsrecht I – StaatsorgaR (9,90 €)
- 📖 Standardfälle Staatsrecht II – Grundrechte (9,90 €)
- 📖 🎧 Standardfälle f. Anfänger (StaatsorgaR u. GRe) (7,9 €)
- 📖 Standardfälle Verwaltungsrecht (AT) (9,90 €)
- 📖 Standardfälle Polizei- und Ordnungsrecht (9,90 €)
- 📖 Standardfälle Baurecht (9,90 €)
- 📖 Standardfälle Europarecht (9,90 €)
- 📖 Standardfälle Kommunalrecht (9,90 €)
- 📖 🎧 Basiswissen StaatsR I –StaatsorgaR (Fr-Antw.) (7 €)
- 📖 🎧 Basiswissen StaatsR II –GrundR (Frage-Antw.) (7 €)
- 📖 Basiswissen VerwaltungsR AT– (Frage-Antwort) (7 €)
- 📖 Studienbuch Staatsorganisationsrecht (9,90 €)
- 📖 Studienbuch Grundrechte (9,90 €)
- 📖 Studienbuch Verwaltungsrecht AT (12 €)
- 📖 Studienbuch Europarecht (12,90 €)
- 🎧 Basiswissen Europarecht
- 📖 Staatshaftungsrecht (9,90 €)
- 📖 VerwaltungsR AT 1 – VwVfG u. 📖 AT 2–VwGO (7,90 €)
- 📖 VerwaltungsR BT 1 – POR (9,90 €)
- 📖 VerwaltungsR BT 2 – BauR 📖 BT 3 – UmweltR (9,90 €)
- 📖 🎧 Definitionen Öffentliches Recht (9,90 €)

Steuerrecht

- 📖 Abgabenordnung (AO) (9,90 €)
- 📖 Erbschaftsteuerrecht (9,90 €)
- 📖 Steuerstrafrecht/Verfahren/Steuerhaftung (7,90 €)

Sozialrecht

- 📖 Kinder- und Jugendhilferecht (7,90 €)
- 📖 Sozialrecht (9,90 €)

Nebengebiete

- 📖 🎧 Standardfälle Handels- & GesR (9,90 €)
- 📖 🎧 Standardfälle Arbeitsrecht (9,90 €)
- 📖 Standardfälle ZPO (9,90 €)
- 📖 🎧 Basiswissen HandelsR (Frage-Antwort) (7,9 €)
- 📖 🎧 Basiswissen Gesellschaftsrecht (7,90 €)
- 📖 🎧 Basiswissen ZPO (Frage-Antwort) (7,90 €)
- 📖 🎧 Basiswissen StPO (Frage-Antwort) (7,90 €)
- 📖 Handelsrecht (9,90 €)
- 📖 Gesellschaftsrecht (9,90 €)
- 📖 Arbeitsrecht (9,90 €)
- 📖 Kollektives Arbeitsrecht (9,90 €)
- 📖 ZPO I – Erkenntnisverfahren (9,90 €)
- 📖 ZPO II – Zwangsvollstreckung (9,90 €)
- 📖 Strafprozessordnung – StPO (9,90 €)
- 📖 Einf. Internationales Privatrecht - IPR (9,90 €)
- 📖 Standardfälle IPR (9,90 €)
- 📖 Einf. Internationales Wirtschaftsrecht (9,90 €)
- 📖 Insolvenzrecht (9,90 €)
- 📖 Gewerbl. Rechtsschutz/Urheberrecht (9,90 €)
- 📖 Wettbewerbsrecht (9,90 €)
- 📖 Ratgeber 500 Spezial-Tipps für Juristen (12 €)
- 📖 Mediation (7,90 €)
- 📖 Sportrecht (9,90 €)

Karteikarten (je 9,90 €)

- 📑 Zivilrecht: BGB AT/SchuldR/Grundlagen/Schemata
- 📑 Strafrecht: AT/BT-1/BT-2/Streitfragen
- 📑 Öff. R.: StaatsorgaR/GrundR/VerwR/Schemata

Assessorexamen

- 📖 Der Aktenvortrag im Strafrecht (7,90 €)
- 📖 Der Aktenvortrag im Zivilrecht (7,90 €)
- 📖 Der Aktenvortrag im Öffentlichen Recht (7,90 €)
- 📖 Staatsanwaltl. Sitzungsdienst & Plädoyer (9,90 €)
- 📖 Die strafrechtliche Assessorklausur (7,90 €)
- 📖 Die Assessorklausur VerwR Bd. 1 (7,90 €)
- 📖 Die Assessorklausur VerwR Bd. 2 (7,90 €)
- 📖 Vertragsgestaltung in der Anwaltsstation (7 €)

Irrtümer und Änderungen vorbehalten!

BWL

- 📖 Einführung i. die Betriebswirtschaftslehre (7,90 €)
- 📖 Marketing (7 €)
- 📖 Organisationsgestaltung & -entwickl. (7,90 €)
- 📖 Fallstudien Organisationsgestaltung & -entwickl.
- 📖 Internationales Management (7 €)
- 📖 Wie gelingt meine wiss. Abschlussarbeit? (7 €)

Irrtümer und Änderungen vorbehalten!

Schemata

- 📖 Die wichtigsten Schemata-ZivR,StrafR,ÖR (12,90)
- 📖 Die wichtigsten Schemata–Nebengebiete (9,90 €)

🎧 bedeutet: auch als **Hörbuch** (CD oder MP3-Download) lieferbar!

Bei niederle-media.de bestellte Artikel treffen idR nach 1-2 Werktagen ein!

Erster Teil: Überblick und Einführung

A. Begriff der Staatshaftung

Das sogenannte **Staatshaftungsrecht** umfasst eine Vielzahl unterschiedlicher Haftungsinstitute, so dass die Formulierung einer umfassenden aber dennoch knappen Definition dieses Rechtsgebiets schwer fällt.[1] Im Grundsatz erfasst es sämtliche Ansprüche des Bürgers, die diesem aufgrund einer Beeinträchtigung seiner Rechte durch hoheitliches Handeln gegen den Staat zustehen. Diese erste Annäherung an den Begriff des Staatshaftungsrechts bedarf freilich in mehrfacher Hinsicht der Konkretisierung.[2]

So umfasst der Begriff „**Ansprüche**" in der obigen Definition zunächst nicht allein Ansprüche auf *Schadensersatz* wie im Rahmen des Amtshaftungsanspruches nach Art. 34 GG iVm § 839 BGB, sondern – etwa im Falle einer Enteignung oder Aufopferung – auch Ansprüche des Einzelnen auf *Entschädigung.* Der Entschädigungsanspruch ist aber jedenfalls im juristischen Sprachgebrauch von einem Anspruch auf Schadensersatz streng zu unterscheiden, auch wenn der regelmäßige Inhalt dieser beiden Ansprüche – nämlich die Zahlung eines bestimmten Geldbetrages – bei beiden Anspruchsarten häufig identisch sein wird.[3] Darüber hinaus existieren aber auch Ansprüche, die sich von Schadensersatz- und Entschädigungsansprüchen gänzlich unterscheiden und dennoch vom Begriff der Staatshaftung umfasst sind.

Das betrifft etwa den öffentlich-rechtlichen Erstattungsanspruch, der die Rückabwicklung rechtsgrundlos erfolgter öffentlich-rechtlicher Vermögensverschiebungen regelt oder

---

[1] Siehe dazu auch *Detterbeck/Windthorst/Sproll*, Staatshaftungsrecht Rn 6 ff.

[2] Vgl. *Sauer*, JuS 2012, 695.

[3] *Maurer*, Allgemeines Verwaltungsrecht, § 27 Rn 65. Allerdings sind die Ziele dieser Ansprüche und damit auch deren Umfang unterschiedlich: Geht es beim Schadensersatzanspruch darum, den Geschädigten so zu stellen, wie er heute ohne das schädigende Ereignis stünde, geht es beim Entschädigungsanspruch darum, den Betroffenen so zu stellen, wie er vor dem Eingriff stand. Daher ist ein entgangener Gewinn von einem Entschädigungsanspruch regelmäßig nicht erfasst.

den öffentlich-rechtlichen Folgenbeseitigungsanspruch, der es dem Einzelnen ermöglicht, den Staat zu verpflichten, einen vor der hoheitlichen Tätigkeit gegebenen Zustand wiederherzustellen (Wiederherstellungsanspruch) – beides Ansprüche, die sich daher keineswegs stets oder auch nur regelmäßig in der Zahlung einer bestimmten Geldsumme erschöpfen.

Auch der jeweilige **Haftungsschuldner** wird mit dem Begriff „Staat" in obiger Definition nur ungenau beschrieben. Zunächst unterteilt sich der Gesamtstaat „Bundesrepublik Deutschland" in eine Vielzahl rechtlich selbstständiger Hoheitsträger, angefangen mit der Unterteilung in Bund und Länder. Aber auch innerhalb dieser Ebenen existieren sowohl auf Bundes- als auch auf Landesebene eigenständige Haftungssubjekte, gegen die sich Staatshaftungsansprüche richten können. Zu nennen sind hier z.B. besondere Körperschaften des öffentlichen Rechts wie Gemeinden und Landkreise auf Landes-, oder selbstständige Stiftungen auf Bundes- oder Landesebene. Oftmals wollen Hoheitsträger – auch und gerade in der Praxis – einer Haftung durch den Verweis auf einen anderen, (vermeintlich) vorrangig in Anspruch zu nehmenden Hoheitsträger entgehen. Nicht selten wird es in Klausurbearbeitungen insoweit darum gehen, den richtigen Haftungsschuldner herauszuarbeiten.

Beispiel: So ist es im Rahmen des Amtshaftungsanspruchs umstritten, ob stets die Anstellungsbehörde haftet oder ob der Anspruch nicht gegen die Behörde zu richten ist, die dem Amtsträger die jeweilige Aufgabe anvertraut hat. Beim enteignungsgleichen Eingriff ist regelmäßig der Hoheitsträger entschädigungspflichtig, der durch den Eingriff begünstigt wurde, was allerdings im Einzelfall schwer zu ermitteln sein kann (s.u.).

Im Zuge der **europäischen Einigung**[4] ist zudem ein weiteres Haftungssubjekt hinzugekommen: Die Europäische Union. Nach Art. 340 Abs. 2 AEU ersetzt die EU die von ihr verursachten Schäden „nach den allgemeinen Grundsätz-

---

[4] Überblick über den Ablauf der europäischen Einigung bei *Thiele*, Europarecht, S. 12 ff.

en, die den Rechtsordnungen der Union gemeinsam sind".[5]
Der Europäische Gerichtshof hat die Haftungsvoraussetzungen mittlerweile näher konkretisiert. In diesem Zusammenhang hat er dabei auch auf das nationale Haftungsrecht eingewirkt, indem er in der Rechtssache *Francovich* einen besonderen unionsrechtlichen Haftungsanspruch für den Fall entwickelt hat, dass die Mitgliedstaaten (und nicht die Union selbst) gegen Unionsrecht verstoßen sollten. Dieser inzwischen im Grundsatz anerkannte unionsrechtliche Haftungsanspruch wirft bezüglich seiner Umsetzung im nationalen Recht dabei weiterhin zahlreiche Fragen auf, die – gemeinsam mit dem Anspruch aus Art. 340 Abs. 2 AEU – umfassend im dritten Teil dargestellt werden.

Wie aus der obigen Definition ersichtlich, geht es im Bereich der Staatshaftung jedenfalls regelmäßig um Ansprüche des Bürgers gegen den Staat. Auch dies ist allerdings nicht zwingend. Vielmehr handelt es sich auch dann um „Staatshaftungsrecht", wenn ausnahmsweise der Staat (bzw. dessen Untergliederungen) oder die Europäische Union Ansprüche geltend machen. Das ist zum einen der Fall, wenn eine Amtspflichtverletzung zu einer Schädigung eines anderen Hoheitsträgers führt. Es kommt dann sozusagen zu einer „inner-staatlichen Schadensregulierung". Zum anderen sind aber auch Ansprüche unmittelbar gegen den Bürger möglich: Hat der Bürger z.B. öffentlich-rechtliche Leistungen ohne Rechtsgrund erhalten, so hat der leistende Hoheitsträger einen Anspruch auf Rückübertragung der geleisteten Vermögenswerte aus dem öffentlich-rechtlichen Erstattungsanspruch.

All den verschiedenen und an dieser Stelle nur skizzierten Haftungsinstituten ist jedoch gemeinsam, dass sie auf **öffentlich-rechtlichem Handeln** beruhen. Das Staatshaftungsrecht regelt also in allen Fällen allein die (negativen)

---

[5] Ausführlich zum unionalen Haftungsrecht *Thiele*, Haftungsrecht, in: Terhechte (Hrsg.), Verwaltungsrecht der Europäischen Union, § 39.

Folgen hoheitlichen Handels.[6] Sofern Hoheitsträger demgegenüber am allgemeinen Privatrechtsverkehr teilnehmen und in diesem Zusammenhang andere schädigen, richten sich auch die möglichen Ersatzansprüche grds. nach den zivilrechtlichen Regelungen.[7]

Beispiele: Eine Gemeinde kauft sich ein Grundstück; eine Behörde beschafft sich Büromaterialien; eine Gemeinde betreibt ein kommunales Wirtschaftsunternehmen.

Für das Staatshaftungsrecht ist also die Abgrenzung von öffentlichem und privatrechtlichem Handeln von großer Bedeutung. Nur durch hoheitliches (also öffentliches) Handeln können überhaupt Staatshaftungsansprüche ausgelöst werden: Zur Abgrenzung siehe etwa *Detterbeck*, Allgemeines Verwaltungsrecht, § 2 Rn 16 ff.

Hinweis: Regelmäßig bereitet die Abgrenzung dieser Bereiche keine größeren Probleme. Handelt ein Hoheitsträger etwa durch **Verwaltungsakt** (z.B. Erlass einer Baugenehmigung) handelt es sich unzweifelhaft um hoheitliches Handeln, welches Staatshaftungsansprüche nach sich ziehen kann. Gleiches gilt etwa dann, wenn Körperschaften, Stiftungen oder Anstalten des öffentlichen Rechts regelnd tätig werden, indem sie Satzungen erlassen.

Probleme können jedoch dann auftreten, wenn die Schädigung nicht durch Rechtsakte, sondern vielmehr durch **Realakte** hervorgerufen wird. Klassische Beispiele sind etwa Immissionen, die zu einer unzumutbaren Belastung des betroffenen Bürgers führen (etwa Beeinträchtigung durch eine laute Feuerwehrsirene in der unmittelbaren Nachbarschaft;[8] Geruchsimmissionen durch den Betrieb einer kommunalen Kläranlage[9]) oder **Verkehrsunfälle**. Im Rahmen einer Klausurbearbeitung muss dann eine ausführliche Abgrenzung vorgenommen werden. **Verkehrssicherungspflichten** sind grds. privatrechtlich einzuordnen, können jedoch durch Gesetz oder Satzung öffentlich-rechtlich ausgestaltet werden.

---

[6] *Baldus/Grzeszick/Wienhues*, Staatshaftungsrecht Rn 6. In einem weiteren Sinne wird der Begriff „Staatshaftung" teilweise auch für jegliches Einstehenmüssen des Staates verstanden, unerheblich ob das Handeln rechtswidrig oder rechtmäßig, öffentlich oder privatrechtlich einzuordnen ist. Siehe dazu *Detterbeck/Windthorst/Sproll*, Staatshaftungsrecht, § 1 Rn 8. Dieses weite Verständnis, das allein auf den formellen Haftungsschuldner abstellt, wird hier im Folgenden nicht zugrunde gelegt.

[7] *Ipsen*, Allgemeines Verwaltungsrecht, Rn 12; *Sauer*, JuS 2012, 695.

[8] BVerwGE 79, 254 ff.

[9] So im Fall BGHZ 91, 20 ff.

B. Überblick über die Entwicklung des Staatshaftungsrechts

Die Beschäftigung mit dem Staatshaftungsrecht und damit auch die Klausurbearbeitung werden dadurch erschwert, dass es bis heute **keine vollständige Kodifikation** der verschiedenen Haftungsinstitute in einem einheitlichen „Staatshaftungsgesetz" gibt. Vielmehr beruhen die einzelnen Ansprüche auf unterschiedlichen richterrechtlichen, gewohnheitsrechtlichen und teilweise gesetzlichen Grundlagen, die sich oftmals parallel zueinander entwickelt haben.[10] In der Konsequenz mangelt es dem bestehenden Staatshaftungssystem an einer inneren Systematik; einheitliche Grundsätze, die für alle Ansprüche Geltung beanspruchen könnten, fehlen – ein „Staatshaftungsrecht Allgemeiner Teil" existiert also nicht, wenngleich zu betonen ist, dass das grundgesetzliche Rechtsstaatsprinzip mittlerweile durchaus gewisse vereinheitlichende Vorgaben macht.[11]

Der Gedanke, dass der Staat als solcher überhaupt Unrecht begehen kann und der einem Staatshaftungsrecht notwendigerweise vorausgeht, kam erstmals im Laufe des **18. Jahrhunderts** auf.[12] Bis zu einer Normierung sollte es aber bis zum Ende des Jahrhunderts dauern; sie erfolgte im **Preußischen Allgemeinen Landrecht (ALR)** von 1794. Die darin normierten Grundsätze bilden weiterhin den Ausgangspunkt des heutigen Staatshaftungsrechts, das somit auf eine mehr als zweihundertjährige Geschichte zurückblickt und worauf sich eine Vielzahl der Besonderheiten gerade des deutschen Staatshaftungsrechts zurückführen lassen.

---

[10] Vgl. *Maurer*, Allgemeines Verwaltungsrecht, § 25 Rn 1, der von einer mehrschichtigen, lückenhaften und unübersichtlichen Materie spricht. Geschichtlicher Überblick auch bei *Sauer*, JuS 2012, 696 ff.

[11] Der Versuch, den bestehenden Regelungen dennoch „einen Mantel der Rechtssystematik" überzuwerfen, erscheint daher wenig zweckmäßig. Die einzelnen Anspruchsinstitute haben unterschiedliche Ursprünge und haben sich dann unterschiedlich entwickelt, so dass eine übergeordnete Systematik nicht existiert und auch nicht künstlich geschaffen werden sollte. Vgl. auch *Ossenbühl/Cornils*, Staatshaftungsrecht, S. 2 f.

[12] *Detterbeck/Windthorst/Sproll*, Staatshaftungsrecht, § 1 Rn 2; *Sauer*, JuS 2012, 696.

Das betrifft zunächst den **Amtshaftungsanspruch**, der in den §§ 88, 89, 91 des Zehnten Titels des Zweiten Teils des ALR geregelt war.[13] Danach haftete ein Beamter für begangene Amtspflichtverletzungen zwar subsidiär aber persönlich, der Staat blieb hingegen von jeder Verantwortlichkeit frei – obwohl dieser den Beamten für seine Belange eingestellt hatte. Diese Form der Amtshaftung wurde 1900 auch in das BGB übernommen und findet sich auch heute noch in § 839 BGB. Allerdings wurde die persönliche Haftung des Beamten im Laufe der Zeit nicht mehr als angemessen angesehen. Anstatt diese jedoch abzuschaffen, bestimmte Art. 131 WRV eine Überleitung der persönlichen Haftung auf den Staat, wodurch dem Bürger ein solventer Schuldner garantiert werden sollte.[14] Lediglich in besonderen Fällen hatte der Staat anschließend die Möglichkeit, beim einzelnen Beamten Regress zu nehmen. Diese etwas eigentümliche Konstruktion (mit all ihren Folgeproblemen)[15] hat auch Art. 34 GG übernommen.

Neben dem Amtshaftungsanspruch fand sich in den §§ 74 und 75 der Einleitung zum ALR erstmals auch der Gedanke eines **allgemeinen Aufopferungsanspruchs** des Bürgers, wenn dieser zugunsten der Gemeinschaft Eingriffe in seine Rechtsgüter erdulden musste. Sie lauteten:

§ 74

Einzelne Rechte und Vorteile der Mitglieder des Staats muessen den Rechten und Pflichten zur Befoerderung des gemeinschaftlichen Wohls, wenn zwischen beiden ein wirklicher Widerspruch (Collision) eintritt, nachstehen.

§ 75

Dagegen ist der Staat demjenigen, welcher seine besonderen Rechte und Vorteile dem Wohl des gemeinen Wesens aufzuopfern genoethigt wird, zu entschaedigen gehalten.

---

[13] Eine weitere Regelung der Beamtenhaftung fand sich in § 1507 des sächs. BGB von 1865.

[14] Im Zuge der Staatsschuldenkrise 2010/2011 ist freilich deutlich geworden, dass auch Staaten vor einer Insolvenz nicht gefeit sind.

[15] *Detterbeck/Windthorst/Sproll*, Staatshaftungsrecht, § 2 Rn 10.

Diese Regelungen bilden heute noch die **Grundlage** für eine Reihe **richterrechtlich fortentwickelter Ansprüche**, wie den sog. enteignungsgleichen und den enteignenden Eingriff. Nachdem diese Aufopferungsansprüche lange Zeit allein auf die Beeinträchtigung vermögenswerter Rechte beschränkt waren,[16] hat der BGH den Aufopferungsgedanken des ALR im Jahre 1953 auch auf die Beeinträchtigung nichtvermögenswerter Rechte ausgeweitet (sog. allgemeiner Aufopferungsanspruch).[17] In allen Fällen bilden die §§ 74, 75 Einl. ALR iVm mit der richterlichen Rechtsfortbildung aber die bis heute maßgebliche Rechtsgrundlage.

Im Laufe der Zeit sind die hier genannten Regelungen des ALR richterrechtlich weiterentwickelt worden, teilweise wurden sie vom jeweiligen Gesetzgeber modifiziert. Eine grundlegende Veränderung des seitdem bestehenden Staatshaftungssystems ist indes bis heute nicht erfolgt. Auch mit dem Erlass des Grundgesetzes wurden die einzelnen Institute lediglich nochmals modifiziert, um sie den Vorgaben des (vorrangigen) Grundgesetzes anzupassen – eine tiefgreifende Veränderung war damit jedoch nicht verbunden.

Diese unbefriedigende und unübersichtliche Situation führte bereits im Jahre 1968 zu Überlegungen, das gesamte Staatshaftungsrecht zu reformieren und vor allem zu modernisieren.[18] Nach mehrjährigen Beratungen in etlichen Kommissionen[19] wurde im Jahre 1981 dann tatsächlich ein bundesweit wirksames **Staatshaftungsgesetz** vom Bundestag erlassen.[20] Durch dieses Gesetz wurde im Gegensatz zur bisherigen Amtshaftung eine unmittelbare, primäre und ausschließliche Haftung des Staates für rechtswidriges Verhalten seiner Organe eingeführt (§ 1 StHG). Grundsätzlich waren die Ersatzansprüche an ein Verschulden der staatlichen Organe gebunden; etwas anderes sollte nur im Falle

---

[16] Vgl. *Baldus/Grzeszick/Wienhues*, Staatshaftungsrecht Rn 244.
[17] BGHZ 9, 83, 89. In diesem Fall ging es um Schädigungen durch eine rechtmäßige Pockenimpfung.
[18] Der Anstoß dazu kam von dem 47. Deutschen Juristentag.
[19] Siehe dazu *Maurer*, Allgemeines Verwaltungsrecht, § 25 Rn 4.
[20] BGBl. I. S. 533.

14

rechtswidriger Grundrechtseingriffe und bei Versagen technischer Einrichtungen gelten (§ 2 StHG). Das Gesetz enthielt zudem einen Ausschluss der unmittelbaren Haftung für verfassungswidrige Gesetze (§ 5 Abs. 2 StHG).

Bereits während der Beratungen zum StHG war jedoch umstritten, ob dem Bund überhaupt die Kompetenz für den Erlass einer solchen umfassenden Kodifikation zukam. Uneinigkeit herrschte zudem bei der Frage, ob es sich um ein Zustimmungs- oder lediglich um ein Einspruchsgesetz handelte. Nach Abschluss des Gesetzgebungsverfahrens wurde das StHG daher von einigen Ländern dem Bundesverfassungsgericht vorgelegt.[21] Das Gericht bestätigte die Bedenken und **erklärte das StHG wegen des Fehlens der notwendigen Bundeskompetenz bereits im Jahre 1982 für nichtig.**[22] Die Nichtigerklärung bewirkte damit eine gewisse Manifestierung des vor 1981 bestehenden (zersplitterten) Rechtszustandes. Dennoch wurde das Projekt einer Modernisierung der Staatshaftung nicht völlig aufgegeben. Mehrfach wurde darüber nachgedacht, durch Verfassungsänderung eine entsprechende Bundeskompetenz zu schaffen. Erst im Zusammenhang mit der durch die Deutsche Einheit erforderlichen Verfassungsreform im Jahr 1994, sollte es jedoch tatsächlich zu einer entsprechenden Ergänzung des Kompetenzkatalogs des Art. 74 GG kommen. Seitdem kommt dem Bund die konkurrierende Kompetenz für den Bereich der Staatshaftung zu (Art. 74 Abs. 1 Nr. 25 GG). Mit Zustimmung des Bundesrates (Art. 74 Abs. 2 GG) könnte der Bund also nunmehr ein entsprechendes Staatshaftungsgesetz erlassen.[23] Bisher hat der Gesetzgeber allerdings noch keine solche Regelung verabschiedet – ob dies jemals der Fall sein wird, bleibt abzuwarten, erscheint für die nahe Zukunft indes sehr unwahrscheinlich. Vorerst

---

[21] Einschlägig war die abstrakte Normenkontrolle.
[22] BVerfGE 61, 149.
[23] Allerdings ist unklar, ob für ein solches Gesetz auch eine Erforderlichkeit nach Art. 72 Abs. 2 GG angenommen werden könnte. Das Bundesverfassungsgericht interpretiert diese Regelung mittlerweile äußerst restriktiv. Der Nachweis einer Erforderlichkeit ist auch nach der Föderalismusreform im Bereich der Staatshaftung weiterhin erforderlich.

wird es demnach dabei bleiben, dass sich das Staatshaftungsrecht als eine relativ undurchsichtige und dadurch komplexe Materie präsentiert.

Im Zuge der fortschreitenden europäischen Integration wird das nationale Staatshaftungsrecht zudem mehr und mehr durch das **europäische Unionsrecht** beeinflusst, was einerseits zu einer zusätzlichen Verkomplizierung der gesamten Materie beigetragen hat. Andererseits ist spätestens seit der Entwicklung des mitgliedstaatlichen Haftungsanspruchs durch den EuGH Mitte der 90er Jahre zugleich die Rechtfertigung einiger nationaler Besonderheiten zunehmend in Frage gestellt worden. Nachdem die Anpassungen an die Vorgaben des Grundgesetzes im Prinzip als abgeschlossen angesehen werden können, ist durch die Europäische Union also wieder Bewegung in diesen etwas „verstaubten" Bereich gekommen. Das Staatshaftungsrecht hat dadurch gerade auch bei Prüfern wieder an Attraktivität gewonnen.

C. Verfassungsrechtliche und europäische Vorgaben

Der gesamte geschichtlich gewachsene Normenkomplex des gegenwärtigen Staatshaftungsrechts muss sich seit Inkrafttreten des Grundgesetzes nunmehr auch an dessen Vorgaben messen lassen. Das **Grundgesetz** genießt Vorrang[24] vor sonstigen innerstaatlichen Rechtsnormen und damit auch vor den einzelnen staatshaftungsrechtlichen Instituten. Bei der Prüfung der einzelnen Ansprüche ist insofern gedanklich immer auch zu überprüfen, ob das gefundene Ergebnis mit diesen verfassungsrechtlichen Vorgaben vereinbar ist.

Hinweis: Allerdings sind diese Anpassungen mittlerweile durch die Literatur und auch durch die Rechtsprechung im Prinzip abgeschlossen. Die im zweiten Teil dargestellten Ansprüche sind damit also grds. „verfassungskonform". Dennoch kann es in Einzelfällen nötig sein, Zweifelsfragen unter Rückgriff auf die verfassungsrechtlichen Vorgaben zu beantworten.

---

[24] Zum Vorrang der Verfassung und dem dadurch begründeten Nachrang des einfachen Gesetzes sehr lesenswert *Wahl*, Der Staat 20 (1981), 485 ff.

Teilweise zeigen sich die Vorgaben der Verfassung ganz unmittelbar, so dass ihre Berücksichtigung keine großen Probleme bereitet. Dies gilt namentlich für **Art. 34 GG**, der die in § 839 BGB geregelte Amtshaftung des Beamten im Falle hoheitlichen Handelns ausdrücklich auf den Staat überleitet. In anderen Fällen hat es jedoch sowohl in der Rechtsprechung als auch in der Literatur eine gewisse Zeit gedauert, um bei der Anwendung der einzelnen Ansprüche die verfassungsrechtlichen Implikationen zu beachten. Dies gilt vor allem für die Auffassungen des BGH und des BVerwG zum **Enteignungsbegriff**. Beide Gerichte wurden erst durch ein gewisses „Machtwort" der BVerfG auf den besonderen Regelungsgehalt des Art. 14 Abs. 3 GG aufmerksam gemacht und haben ihre Rechtsprechung nunmehr diesen Vorgaben angepasst.

Abgesehen von Art. 34 GG und Art. 14 Abs. 3 GG finden sich im Grundgesetz jedoch keine ausdrücklichen Regelungen, die sich auf die Ausgestaltung des nationalen Staatshaftungssystems beziehen. Im Grundsatz hat der Gesetzgeber in diesem Bereich damit einen vergleichsweise großen Gestaltungsspielraum. Dieser Gestaltungsspielraum ist andererseits nicht grenzenlos. Vielmehr verlangt das **Rechtsstaatsprinzip** als einer u.a. in Art. 20 Abs. 3 GG wurzelnden verfassungsrechtlichen Grundentscheidung, dass der Einzelne jedenfalls im Grundsatz für Schädigungen durch hoheitliches Handeln entschädigt wird.[25] Durch das Rechtsstaatsprinzip bekommt der Einzelne einen vom Staat getrennten Bereich privater Freiheitsentfaltung zugewiesen, den der Staat nur unter engen Voraussetzungen beschränken und niemals gänzlich aufheben darf.[26] Sollte es im Einzelfall gleichwohl zu ungerechtfertigten Übergriffen kommen (was sich natürlich nie vermeiden lässt), so sind es vor

---

[25] *Maurer*, Allgemeines Verwaltungsrecht, § 25 Rn 9; *Zippelius/Würtenberger*, Deutsches Staatsrecht, S. 385; *Sauer*, JuS 2012, 698.

[26] Im Verfassungsstaat wird die Trennung von Staat und Gesellschaft also nicht aufgehoben. Sie folgt allerdings nicht aus dem Demokratieprinzip selbst. Vielmehr stemmt sich das Rechtsstaatsprinzip der unbegrenzten Geltung des Demokratieprinzips entgegen und sichert so erst die Möglichkeit individueller Freiheit in demokratischer Gleichheit. Siehe *Thiele*, Finanzaufsicht, S. 35 ff.

allem die **Grundrechte** als vielleicht wichtigstes Element des Rechtsstaats, die dem Einzelnen die Möglichkeit eröffnen, nunmehr zumindest eine angemessene Entschädigung vom (rechtswidrig) handelnden Staat zu verlangen.[27] Die Grundrechte erschöpfen sich folglich nicht allein in ihrer primären Funktion, nämlich der Abwehr ungerechtfertigter staatlicher Eingriffe, sondern begründen in einem solchen Fall den grundsätzlichen Anspruch des Einzelnen, die Beseitigung der schädigenden Handlung bzw. der entstandenen rechtswidrigen Folgen zu verlangen. Sollte eine solche Beseitigung nicht möglich sein, so folgt aus den Grundrechten der Anspruch auf eine angemessene finanzielle Entschädigung. **Der Abwehranspruch der Grundrechte wandelt sich mithin in einen Beseitigungs- bzw. Entschädigungsanspruch.** In einem Rechtsstaat ist die Haftung des Staates für Schädigungen folglich die Regel, während sich die Nichthaftung als begründungsbedürftige Ausnahme präsentiert, die insbesondere den Grundsätzen der Verhältnismäßigkeit genügen muss.

Zu diesen verfassungsrechtlichen Überformungen des nationalen Haftungsrechts treten zunehmend auch **europarechtliche Vorgaben** hinzu. Die bereits mehrfach erwähnte Francovich-Entscheidung hat zwar zunächst einmal lediglich Voraussetzungen aufgestellt, unter denen die Mitgliedstaaten für Verletzungen des Unionsrechts einstehen müssen. Es handelt sich streng genommen insoweit also nicht um ein weiteres nationales Haftungsinstitut. Allerdings hat der EuGH zugleich entschieden, dass die Umsetzung dieses Anspruchs „im Rahmen des nationalen Haftungsrechts" erfolgt. In Deutschland ist damit im Grundsatz auf den Amtshaftungsanspruch zurückzugreifen, wobei jedoch zu berücksichtigen ist, dass dieser einer effektiven Durchsetzung des unionsrechtlichen Anspruchs nicht im Wege stehen darf. Es ist daher stets zu untersuchen, ob bzw. inwieweit die nationalen Besonderheiten des Amtshaftungsrechts in einem Fall mit Unionsbezug – nicht zuletzt die restriktive Ausgestaltung

---

[27] *Zippelius/Würtenberger*, Deutsches Staatsrecht, S. 385.

18

einer Haftung für normatives Unrecht oder das Richter-spruchprivileg des § 839 Abs. 2 S. 1 BGB – zur Anwendung kommen dürfen.

D. Literaturhinweise

Das Staatshaftungsrecht wird regelmäßig in den Lehrbüchern zum Allgemeinen Teil des Verwaltungsrechts (mit)behandelt. Besonders zu empfehlen sind dabei die (allerdings bisweilen etwas knappen) Ausführungen in folgenden Lehrbüchern:

- *Detterbeck*, Allg. Verwaltungsrecht, 12. Auflage 2014
- *Erbguth*, Allg. Verwaltungsrecht, 6. Auflage 2014
- *Ipsen*, Allg. Verwaltungsrecht, 8. Auflage 2012
- *Maurer*, Allg. Verwaltungsrecht, 18. Auflage 2011

Daneben finden sich vereinzelte spezielle Lehrbücher zum Staatshaftungsrecht, die vor allem bei der Bearbeitung von Hausarbeiten heranzuziehen sind:

- *Baldus/Grzeszick/Wienhues*, Staatshaftungsrecht, 4. Auflage 2013
- *Detterbeck/Windthorst/Sproll*, Staatshaftungsrecht, 2000[28]
- *Ossenbühl/Cornils*, Staatshaftungsrecht, 6. Auflage 2013[29]

---

[28] Trotz des „Alters" weiterhin eine der besten Darstellungen des gesamten Haftungsrechts. Lediglich im Bereich der europäischen Haftung zwangsläufig veraltet.

[29] Absoluter „Klassiker" des Staatshaftungsrechts, der nunmehr von *Prof. Dr. Matthias Cornils* neubearbeitet worden ist.

Zweiter Teil: Die einzelnen nationalen Haftungsinstitute

A. Die Amtshaftung nach Art. 34 GG iVm § 839 BGB

I. Überblick und Rechtsgrundlage

Die in Art. 34 GG iVm § 839 BGB normierte besondere Form der Amtshaftung, mit der Überleitung der Haftung des handelnden Beamten auf den Staat, geht auf die Regelungen des ALR zurück, die das damalige Verständnis des Beamtenverhältnisses kodifizierten.[30] Im 18. und 19. Jahrhundert sah man dieses Verhältnis zwischen dem Monarchen und dem einzelnen Beamten als privaten Vertrag an, durch den dem Beamten bestimmte hoheitliche Aufgaben zur eigenständigen Wahrnehmung übertragen wurden.

Dieses sog. **Mandatsverhältnis** gestattete dem Beamten jedoch allein die Vornahme rechtmäßiger Handlungen. Sofern der Beamte hingegen rechtswidrig handelte, konnte dieses Verhalten dem Monarchen (und damit dem Staat) folglich nicht mehr zugerechnet werden. Die §§ 88, 89, 91 des Zehnten Titels des Zweiten Teils des ALR sahen daher eine subsidiäre aber jedenfalls **persönliche Haftung** des Beamten für Schädigungen vor, die durch rechtswidriges Verhalten hervorgerufen worden waren. Diese für den Staat zwangsläufig überaus angenehme Regelung fand im Jahre 1900 mit § 839 BGB schließlich auch Eingang in das Bürgerliche Gesetzbuch.

Mit der Zeit setzte sich jedoch zunehmend der Gedanke durch, dass der Staat, der die Vorteile durch den Einsatz seiner Beamten genießt, zumindest im Außenverhältnis zum Bürger auch für die Schädigungen einstehen muss, die aus diesem Einsatz resultieren. Bereits im 19. Jahrhundert fand sich daher in einigen deutschen Ländern eine Überleitung der persönlichen Haftung des Beamten auf den jeweiligen Hoheitsträger und damit auf den Staat.[31] Durch die Wei-

---

[30] Siehe auch *Baldus/Grzeszick/Wienhues*, Staatshaftungsrecht Rn 76. Überblick auch bei *Zippelius/Würtenberger*, Deutsches Staatsrecht, S. 384 f.
[31] Siehe *Maurer*, Allgemeines Verwaltungsrecht, § 26 Rn 4.

marer Verfassung wurde diese etwas merkwürdige Überleitungskonstruktion in **Art. 131 WRV** dann auch für den Gesamtstaat festgeschrieben. Zum einen sollte damit sichergestellt werden, dass der Bürger stets auf einen solventen Anspruchsgegner (nämlich den Staat) trifft. Zum anderen sollte dadurch verhindert werden, dass die Einsatzfreude der Beamten zu Lasten der Funktionsfähigkeit der Verwaltung aufgrund der ständig drohenden persönlichen Haftung nachlässt oder gar vollständig erlahmt.

Mit **Art. 34 GG** wurde diese Form der **Amtshaftung** schließlich auch für die Bundesrepublik Deutschland verbindlich übernommen. Sowohl die WRV als auch das GG knüpften mit ihren verfassungsrechtlichen Regelungen also an den einfachrechtlichen § 839 BGB an und statuierten dadurch diese besondere Form der „**Überleitungshaftung**". Bis heute ist es dabei geblieben, ohne dass die bestehende Konstruktion mit der Überleitung der Haftung vom handelnden Beamten auf den Staat verfassungsrechtlich zwingend wäre. Eine Änderung dieses Systems durch eine entsprechende Anpassung des einfachrechtlichen Rahmens wäre also denkbar und einem modernen Haftungssystem wohl auch angemessen.[32] So sah denn auch das letztlich gescheiterte Staatshaftungsgesetz in § 1 StHG eine unmittelbare, primäre und ausschließliche Haftung des Staates im Außenverhältnis vor.

Die gegenwärtige und bis auf Weiteres maßgebliche Ausgestaltung der Amtshaftung führt dazu, dass **Art. 34 GG und § 839 BGB eine einheitliche Anspruchsgrundlage** bilden. Dabei erweist sich § 839 BGB in gewisser Weise als die „haftungsbegründende Norm", während Art. 34 GG anschließend die notwendige Haftungsüberleitung auf den Staat besorgt.[33] Durch diese Überleitung haftet der Staat damit nicht etwa neben, sondern *anstelle* des handelnden Be-

---

[32] *Maurer*, Allgemeines Verwaltungsrecht, § 25 Rn 10.
[33] *Baldus/Grzeszick/Wienhues*, Staatshaftungsrecht Rn 77.

amten.[34] Der Beamte selbst haftet im Außenverhältnis damit also grds. nicht nach den §§ 823 ff. BGB.[35]

Art. 34 GG führt darüber hinaus zu einer partiellen Erweiterung des Anwendungsbereichs des § 839 BGB: Da Art. 34 GG nämlich von „jedermann" spricht, kommt es für eine Überleitung der Haftung nicht darauf an, dass tatsächlich ein Beamter im statusrechtlichen Sinne gehandelt hat, wie dies für eine Haftung nach § 839 BGB an sich erforderlich ist. Ausreichend ist vielmehr ein Beamter im **„haftungsrechtlichen Sinne"**.[36] Insoweit wird § 839 BGB verfassungsrechtlich modifiziert. Andererseits ergibt sich aus Art. 34 GG zugleich, dass eine Überleitung auf den Staat nicht in allen Fällen erfolgt, in denen der Tatbestand des § 839 BGB erfüllt ist. Art. 34 GG beschränkt die Überleitung nämlich auf den öffentlich-rechtlichen Tätigkeitsbereich. Sofern der Beamte privatrechtlich handelt, bleibt es mithin bei seiner persönlichen Haftung; maßgeblich ist in diesen Fällen aber wiederum der (übliche) statusrechtliche Beamtenbegriff.

Angesichts dieses Wechselspiels zwischen Art. 34 GG auf der einen und § 839 BGB auf der anderen Seite ist es in der Literatur umstritten, wie das Zusammenwirken dieser Normen rechtsdogmatisch korrekt einzuordnen ist.[37] Für eine Klausurbearbeitung ist dies jedoch nicht von Bedeutung. Hier sollten Sie einfach Art. 34 GG iVm § 839 BGB als Rechtsgrundlage des Anspruchs aufführen.[38] Wichtig ist aber natürlich, dass Sie das Zusammenspiel der Regelungen im Grundsatz verstanden haben, da Sie diese nur dann auch richtig anwenden können.

---

[34] *Sprau*, in: Palandt, § 839 Rn 12.
[35] In bestimmten Fällen kann der Staat jedoch im Innenverhältnis gegenüber dem Beamten Regress nehmen, vgl. Art. 34 S. 2 GG.
[36] Was darunter zu verstehen ist, wird sogleich näher erörtert.
[37] Siehe dazu *Detterbeck/Windthorst/Sproll*, Staatshaftungsrecht, § 8 Rn 2 ff. sowie *Zippelius/Würtenberger*, Deutsches Staatsrecht, S. 385.
[38] Oder umgekehrt, also § 839 BGB iVm Art. 34 GG. Da beide Normen sich gegenseitig beeinflussen und auch Art. 34 GG den Anwendungsbereich des § 839 BGB partiell modifiziert, ist es also nicht zwingend zuerst § 839 BGB aufzuführen.

II. Die einzelnen Anspruchsvoraussetzungen

1. Handeln in Ausübung eines öffentlichen Amtes

a) „Jemand"

Die Amtshaftung setzt nach Art. 34 GG zunächst voraus, dass „**jemand**" in Ausübung eines ihm anvertrauten Amtes handelt. Durch Art. 34 GG kommt es damit zu einer Erweiterung des persönlichen Anwendungsbereiches der Amtshaftung: § 839 BGB richtet sich ausschließlich an Beamte im beamtenrechtlichen Sinne,[39] während Art. 34 GG eine Überleitung auch dann anordnet, wenn ein „Nichtbeamter" gehandelt haben sollte. Entscheidend ist für Art. 34 GG also nicht der jeweilige Status der handelnden Person, relevant ist vielmehr allein die Rechtsnatur der von dieser in der konkreten Situation wahrgenommenen Aufgabe.[40] Im Rahmen dieser **funktionellen Betrachtungsweise** ist demnach die Frage zu stellen, ob das schadensersatzbegründende Verhalten der handelnden Person dem öffentlichen oder dem privaten Recht zuzuordnen ist.[41] Für die Abgrenzung dieser Rechtsbereiche gelten in diesem Zusammenhang im Übrigen keinerlei Besonderheiten.

Beispiel: Ein Polizeibeamter fährt mit seinem Dienstwagen zu einem dienstlichen Gerichtstermin. Auf dem Weg dorthin geht er im Auto noch einmal die Akten durch und fährt deshalb an einer Ampel auf den Wagen des G auf. Kommt hier ein Amtshaftungsanspruch in Betracht?

Lösung: Für einen Amtshaftungsanspruch müsste der Polizeibeamte als „jemand" im Sinne des Amtshaftungsrechts anzusehen sein. Dies richtet sich danach, ob dessen Handeln in der konkreten Situation funktionell dem öffentlichen Recht zuzuordnen ist. Das erscheint hier jedoch fraglich. Es handelt sich beim Führen eines PKW um Realhandeln. Der P ist allein als „normaler Straßenverkehrsteilnehmer" aufgetreten. Allerdings ist der P hier in dienstlicher Funktion unterwegs gewesen. Die Fahrt stand auch in dem gebotenen inneren und äußeren Zusammenhang mit der Erfüllung

---

[39] *Sprau*, in: Palandt, § 839 Rn 13.
[40] *Sprau*, in: Palandt, § 839 Rn 17; *Detterbeck/Windthorst/Sproll*, Staatshaftungsrecht, § 9 Rn 4; *Frenz*, Öffentliches Recht Rn 916 f.; *Zippelius/Würtenberger*, Deutsches Staatsrecht, S. 385 f.
[41] *Stein/Itzel/Schwall*, Praxishandbuch des Amts- und Staatshaftungsrechts Rn 18.

einer öffentlichen Aufgabe (nämlich Wahrnehmung eines dienstlichen Gerichtstermins). Nach Auffassung des BGH[42] und Teilen der Literatur[43] liegt daher eine öffentlich-rechtliche Tätigkeit vor, so dass ein Amtshaftungsanspruch in Betracht kommt. Es ist in diesen Fällen also nach dem Zweck der Fahrt zu differenzieren. Nach anderer Auffassung sind Dienstfahrten als Teilnahme am allgemeinen Straßenverkehr stets dem Privatrecht zuzuordnen. Eine öffentlich-rechtliche Tätigkeit liege hingegen nur in den Fällen vor, in denen Sonderrechte genutzt wurden (§ 35 StVO).[44] In einer Klausur können Sie hier beide Ansichten gut vertreten.

Als solche „**Beamten im haftungsrechtlichen Sinne**" kommen vor dem Hintergrund dieser funktionellen Betrachtungsweise damit eine Vielzahl von Personen in Betracht. Zu nennen sind etwa:

- Abgeordnete;[45]
- Mitglieder des Gemeinderats;[46]
- Minister;
- Zivildienstleistende bzw. Angehörige des Bundesfreiwilligendienstes;[47]
- Beliehene Privatpersonen, sofern sie im Rahmen ihres übertragenen Aufgabenbereichs tätig werden.[48]
- Sektenbeauftragte einer öffentlich-rechtlich korporierten Religionsgemeinschaft.[49]

Umstritten sind die Fälle, in denen sich die Verwaltung der **Hilfe Privater** bedient, ohne dass eine formelle Beleihung vorliegt.

Beispiel: Die Polizei will ein im Halteverbot stehendes Fahrzeug abschleppen. Sie schließt dazu einen privatrechtlichen Werkvertrag mit dem Abschleppunternehmen A. Beim Abschleppvorgang wird das Fahrzeug durch fahrlässiges Verhalten des A leicht beschädigt.

---

[42] BGHZ 29, 38.
[43] Siehe nur *Detterbeck/Windthorst/Sproll*, Staatshaftungsrecht, § 9 Rn 44.
[44] *Maurer*, Allgemeines Verwaltungsrecht, § 3 Rn 22.
[45] *Detterbeck/Windthorst/Sproll*, Staatshaftungsrecht, § 9 Rn 12.
[46] Siehe auch *Frenz*, Öffentliches Recht Rn 930 ff.
[47] Vgl. BGHZ 146, 385. Siehe dazu auch *Thiele*, JuS 2006, 534.
[48] Z.B. der TÜV, siehe BGHZ 147, 169. Dazu auch *Detterbeck/Windthorst/Sproll*, Staatshaftungsrecht, § 9 Rn 14.
[49] Siehe BGH Urteil vom 20.2.2003, III ZR 224/01.

In seiner früheren Rechtsprechung stellte der BGH in diesen Fällen generell darauf ab, in welchem Umfang die Privatperson den Weisungen der Verwaltung unterlag. Ein Amtshaftungsanspruch kam danach nur dann in Betracht, wenn die Privatperson aufgrund der Weisungsabhängigkeit bei der konkreten Tätigkeit gleichsam als das „Werkzeug" der Verwaltung anzusehen war, da allein dann eine Zurechnung der konkreten Schädigung gerade an den Staat gerechtfertigt erschien (sog. **Werkzeugtheorie**). Gerade in dem dargestellten Abschleppfall kam eine Amtshaftung daher regelmäßig nicht in Betracht.

Die Abschleppunternehmer erledigen ihre Aufgabe völlig selbstständig. Der Einfluss der Polizei erschöpft sich in diesen Fällen in dem Abschluss des Vertrages und der Mitteilung, welcher Wagen konkret abgeschleppt werden soll. Mit der Tätigkeit als solcher, die letztlich zur Schädigung führt, ist sie nicht befasst. Diese Ansicht des BGH wurde schon frühzeitig kritisiert. Zu Recht weist *Maurer* darauf hin, dass sie auch mit der funktionellen Betrachtungsweise, nach der es ja allein auf die Einordnung der konkreten Tätigkeit ankommt, an sich nicht vereinbar ist.[50] Denn die rechtliche Einordnung des Abschleppens – und damit die Möglichkeit eines Amtshaftungsanspruchs – kann schwerlich davon abhängen, ob die Polizei selbst abschleppt oder jemand anderes damit beauftragt[51] – der Abschleppunternehmer übernimmt die Durchführung einer öffentlich-rechtlichen Aufgabe und handelt damit seinerseits öffentlich-rechtlich. Der BGH hat seine Auffassung mittlerweile daher zumindest für den Bereich der **Eingriffsverwaltung** aufgegeben. Danach kann sich die Verwaltung in diesem Bereich einer Haftung nicht mehr dadurch entziehen, dass sie einzelne Aufgaben durch privatrechtlichen Vertrag auf Private überträgt.[52] Auch das Abschleppen ist damit also grds. dem öffentlichen Recht

---

[50] *Maurer*, Allgemeines Verwaltungsrecht, § 26 Rn 13.
[51] *Frenz*, Öffentliches Recht Rn 918.
[52] BGHZ 121, 161. Dazu auch *Stein/Itzel/Schwall*, Praxishandbuch des Amts- und Staatshaftungsrechts Rn 20.

zuzuordnen. Auf diese Weise wird zugleich eine „Flucht in das Privatrecht" verhindert.[53]

Für den Bereich der **Leistungsverwaltung** ist demgegenüber wohl weiterhin auf die Werkzeugtheorie abzustellen. Dies gilt etwa dann, wenn die Gemeinde private Unternehmen damit beauftragt, eine Kanalisation zu bauen oder Straßenerneuerungen vorzunehmen.[54] Hier kommt es damit darauf an, in welchem Umfang die handelnde Privatperson durch Weisungsrechte der Behörde in die Verwaltung eingegliedert ist. Je geringer der eigene Entscheidungsspielraum des Privaten und je ausgeprägter die Weisungsbefugnisse der jeweiligen Behörde, desto eher kommt damit ein Amtshaftungsanspruch in Betracht. Im Einzelnen ist hier jedoch noch vieles ungeklärt.[55]

Die sogenannten **Verwaltungshelfer** wie Schülerlotsen oder Schüler, die auf Anweisung des Lehrers Hilfestellungen im Sportunterricht leisten, verrichten nur unselbstständige Hilfstätigkeiten. Sie sind zwar keine Beliehenen, dennoch ist ihr Verhalten jedenfalls aufgrund der strikten Weisungsabhängigkeit dem öffentlichen Recht zuzuordnen und dem Staat zuzurechnen, so dass Amtshaftungsansprüche denkbar sind.[56]

Stellungnahme: Die Auffassung des BGH stellt sowohl im Bereich der Eingriffs- als auch im Bereich der Leistungsveraltung mit der Betrachtung der bestehenden Weisungsbefugnisse zu stark auf die Ausgestaltung des Innenverhältnisses zwischen der handelnden Privatperson und der Verwaltung ab. Letztlich kann es jedoch allein darauf ankommen, wie das Verhalten des Privaten im **Außenverhältnis** (also auch aus der Sicht des Geschädigten) einzuordnen ist.[57] Richtigerweise sollte eine Zurechnung

---

[53] *Detterbeck/Windthorst/Sproll*, Staatshaftungsrecht, § 9 Rn 6, 17.
[54] Siehe dazu etwa BGHZ 70, 212.
[55] Dazu auch *Stein/Itzel/Schwall*, Praxishandbuch des Amts- und Staatshaftungsrechts Rn 21 f.
[56] *Stein/Itzel/Schwall*, Praxishandbuch des Amts- und Staatshaftungsrechts Rn 27. Im Ergebnis so auch *Baldus/Grzeszick/Wienhues*, Staatshaftungsrecht Rn 81, die aber sogar davon ausgehen, dass die hoheitliche Maßnahme und ihre teilweise Ausführung durch den Verwaltungshelfer als einheitlicher Vorgang erscheint, so dass sie bereits einheitlich als Maßnahme des Hoheitsträgers einzuordnen ist.
[57] *Detterbeck/Windthorst/Sproll*, Staatshaftungsrecht, § 9 Rn 21.

zum jeweiligen Hoheitsträger in diesen Fällen stets nach den von *Detter-beck/Windthorst/Sproll* entwickelten Kriterien erfolgen.[58] Eine Zurechnung ist danach anzunehmen wenn die Aufgabe (1.) dem öffentlichen Funktionskreis zuzuordnen ist, der Private (2.) bei deren Wahrnehmung mit Wissen und Wollen der Behörde mitgewirkt hat und der Private dabei (3.) die ihm zustehenden Befugnisse nicht vorsätzlich überschritten hat.[59] Diese Kriterien ermöglichen eine Lösung der Zurechnungsprobleme in allen Fällen – also unabhängig von der Verwaltungsart – ohne die „dogmatischen Brüche" des BGH.

Verkehrssicherungspflichten sind grds. privatrechtlicher Natur, können aber durch gesetzliche Regelung öffentlich-rechtlich ausgestaltet sein, vgl. etwa § 9a Abs. 1 StrWG NRW. Siehe dazu auch BGH, Urteil vom 21.11. 2013, III ZR 113/13. Ähnliche Regelungen finden sich in praktisch allen Landesstraßengesetzen.[60]

Zum **Winterdienst an Berliner Straßenbahnhaltestellen** (nach § 4 Abs. 1 S. 1 Berliner Straßenreinigungsgesetz öffentlich-rechtlich) siehe BGH, Urteil vom 9.10.2014, III ZR 68/14.

Eine öffentlich-rechtliche Ausgestaltung ist zudem auch durch **gemeindliche Satzungen** möglich, da der Verwaltungsträger grds. die Wahl hat, ob er die Verkehrssicherungspflicht öffentlich-rechtlich oder privatrechtlich ausgestalten will.

b) In Ausübung

Nach Art. 34 S. 1 GG muss die handelnde Person „**in Ausübung**" eines öffentlichen Amtes gehandelt haben. Der öffentlich-rechtliche Charakter der Tätigkeit (also das „öffentliche Amt") wurde nach der funktionellen Betrachtungsweise bereits bei der Einordnung der handelnden Person geprüft, so dass darauf nun nicht noch einmal

---

[58] Siehe *Detterbeck/Windthorst/Sproll*, Staatshaftungsrecht, § 9 Rn 21.
[59] Über diese letzte Voraussetzung lässt sich allerdings streiten. So kann man durchaus vertreten, dass sich die Behörde auch einen Exzess des Privaten zurechnen lassen muss. Immerhin hat sie diesen selbst ausgewählt. Im Innenverhältnis kann sie sich in diesen Fällen ohnehin schadlos halten (vgl. Art. 34 S. 2 GG). Ähnliche Probleme stellen sich auch beim Merkmal „in Ausübung". Dazu sogleich.
[60] Siehe *Ossenbühl/Cornils*, Staatshaftungsrecht, S. 34 f.

gesondert eingegangen werden muss. Zu klären ist jedoch was unter „in Ausübung" zu verstehen ist. Nach überwiegender Auffassung liegt eine solche „Ausübung" nur dann vor, wenn zwischen der hoheitlichen Tätigkeit und dem konkreten Fehlverhalten ein **enger innerer und äußerer Zusammenhang** gegeben ist. Die Handlung muss also trotz des möglichen Fehlverhaltens als dem öffentlichen Aufgabenbereich zugehörig erscheinen.[61] Die Schädigung darf mit anderen Worten **nicht nur bei Gelegenheit** einer öffentlich-rechtlichen Tätigkeit erfolgt sein, da sie dem Staat dann nicht mehr zugerechnet werden kann.[62]

In gewisser Weise schimmert hier die alte Mandatstheorie in Gestalt von Zurechnungsüberlegungen wieder durch. Entscheidend ist dabei die Überlegung, dass der Staat zwar einerseits vom Einsatz der Staatsbediensteten profitiert, weshalb er grds. auch die Nachteile deren Tätigkeit (Haftung) tragen muss. Andererseits kann dies nicht dazu führen, dass sich der Staat nunmehr jedes Verhalten „seines" Beamten zurechnen lassen muss, selbst wenn dieses in keinerlei Zusammenhang mit seiner eigentlich übertragenen Tätigkeit steht. Denn dann verwirklicht sich beim Geschädigten letztlich nichts anderes als das allgemeine Lebensrisiko, weshalb kein Grund mehr ersichtlich ist, diesen durch die staatliche Haftungsübernahme zu privilegieren.

Ein **äußerer Zusammenhang** liegt bereits dann vor, sofern die schädigende Handlung räumlich-zeitlich in den öffentlich-rechtlichen Aufgabenbereich eingebettet ist.[63] Abgestellt wird hier also auf den objektiven Geschehensablauf.

Der äußere Zusammenhang fehlt etwa dann, wenn ein Beamter außerhalb seiner Dienstzeit händelt, selbst wenn die schädigende Handlung dann im Dienstgebäude vorgenommen worden sein sollte.

Der **innere Zusammenhang** setzt voraus, dass die schädigende Handlung und die öffentlich-rechtliche Tätigkeit als

---

[61] *Detterbeck/Windthorst/Sproll*, Staatshaftungsrecht, § 9 Rn 48.

[62] *Sprau*, in: Palandt, § 839 Rn 19; *Detterbeck*, Allgemeines Verwaltungsrecht Rn 1058; *Zippelius/Würtenberger*, Deutsches Staatsrecht, S. 386. Hier zeigt sich, die Nähe des Amtshaftungsrechts zum Deliktsrecht. Auch bei § 831 BGB darf der Verrichtungsgehilfe den Schaden nicht nur „bei Gelegenheit" angerichtet haben.

[63] Vgl. *Stein/Itzel/Schwall*, Praxishandbuch des Amts- und Staatshaftungsrechts Rn 30.

ein einheitlicher Geschehensablauf erscheinen, der vom öffentlich-rechtlichen Charakter geprägt wird.[64] Zu beachten ist dabei stets, dass der innere Zusammenhang nicht allein dadurch fehlt, dass der Amtswalter rechtswidrig gehandelt hat. Denn dann käme eine Amtshaftung überhaupt nicht in Betracht, da diese stets rechtswidriges Verhalten voraussetzt; insofern ist die Mandatstheorie also überholt. Wie sich aus der Regelung des Art. 34 S. 2 GG ergibt, zerstört selbst ein vorsätzlicher Rechtsverstoß nicht zwingend diesen erforderlichen inneren Zusammenhang (in diesen Fällen ist lediglich die Möglichkeit eröffnet, dass der im Außenverhältnis haftende Staat gegen den handelnden Beamten im Innenverhältnis Regress nimmt).[65] Und das erscheint auch richtig, da der Staat generell für die Risiken einstehen muss, die durch die Beschäftigung seiner Bediensteten hervorgerufen werden – und dazu gehören eben auch nicht ganz fernliegende (vorsätzliche) Exzesse seiner Beamten.

Damit wird man davon ausgehen müssen, dass der notwendige innere Zusammenhang wohl nur dann fehlt, wenn die handelnde Person aus **völlig sachfremden Motiven** und damit missbräuchlich handelt, so dass eine Zurechnung dieses Handelns an den Staat verfehlt erscheint. Es handelt sich dabei letztlich um eine wertende Entscheidung, die – abgesehen von klaren Fällen – nur selten eindeutig vorgegeben ist. Ausgangspunkt bildet dabei die Überlegung, dass die Kausalität allein nicht genügen kann, um eine Überleitung zu rechtfertigen. Vielmehr kommt es auch und gerade auf die innere Motivation der handelnden Person an.

Beispiele: Ein Bundeswehrsoldat erschießt plötzlich einen Offizier aus Rache und Wut. Der BGH hat in diesem Fall einen inneren Zusammenhang verneint. Demgegenüber wurde ein solcher Zusammenhang angenommen, als Wachpersonal, welches Plünderungen verhindern sollte, sich selbst an den Plünderungen beteiligte (vgl. BGH NJW 2002, 3173, str.). Ein innerer Zusammenhang liegt auch dann vor, wenn eine Polizistin

---

[64] BGH NJW 1992, 1227 (1228).
[65] Siehe dazu auch *Detterbeck/Windthorst/Sproll*, Staatshaftungsrecht, § 9 Rn 53, die darauf hinweisen, dass ein Haftungsausschluss im Falle bewusster Überschreitungen auch aus rechtsstaatlichen Gründen bedenklich wäre.

durch ihren Vorgesetzten dauerhaft durch frauenfeindliche Parolen beleidigt wird (BGH NJW 2002, 3172). In einer Klausur ist mit entsprechender Argumentation aber wohl auch ein anderes Ergebnis vertretbar.

Detterbeck weist zu Recht darauf hin, dass das Merkmal „in Ausübung" insgesamt an sich schon zum Tatbestandsmerkmal „öffentlich-rechtliches Amt" gehört.[66] Sofern nämlich ein solcher Zusammenhang fehlt, handelt es sich bereits nicht mehr um öffentlich-rechtliches Handeln. In einer Klausur sollte daher auf die Frage des Zusammenhangs in unproblematischen Fällen nur kurz (im Urteilsstil) eingegangen werden. Sofern hier ein Problem des Falles liegen sollte, können beide Punkte „öffentlich-rechtliches Handeln" und „in Ausübung" zusammen geprüft werden.

2. Verletzung einer drittgerichteten Amtspflicht

Der handelnde Beamte im haftungsrechtlichen Sinne muss eine drittgerichtete Amtspflicht verletzt haben. Diese etwas seltsam anmutende Voraussetzung, die auf die Verletzung von Pflichten im Innenverhältnis abstellt, obwohl die Schädigung ja gerade im Außenverhältnis eintritt, lässt sich wiederum allein historisch mit der früheren **Mandatstheorie** erklären (s.o.). Ein „modernes Haftungsrecht" würde an dieser Stelle sicherlich nicht auf die Pflichten im Innenverhältnis, sondern auf die Pflichten gegenüber dem einzelnen Bürger im Außenverhältnis abstellen. Entscheidend wäre dann, ob der handelnde Beamte durch sein Verhalten in rechtswidriger Weise in subjektive Rechte des Einzelnen eingegriffen hat. Die Rechtsprechung hat diese Unterschiede allerdings mittlerweile durch eine weite Interpretation der Amtspflichten stark reduziert. Insbesondere die sogenannte **„Amtspflicht zu rechtmäßigem Verhalten"** führt dazu, dass jede Verletzung des Rechts im Außenverhältnis (und damit auch die Verletzung subjektiver Rechte) bis auf wenige Ausnahmen zugleich eine Verletzung einer Amtspflicht im Innenverhältnis darstellt.[67]

---

[66] *Detterbeck*, Allgemeines Verwaltungsrecht Rn 1061.
[67] Siehe dazu ausführlich *Detterbeck/Windthorst/Sproll*, Staatshaftungsrecht, § 9 Rn 59, 65 ff.

Im Rahmen einer Klausurbearbeitung bildet die Prüfung der Verletzung einer drittgerichteten Amtspflicht regelmäßig den Schwerpunkt. Vor allem im Bereich der Drittgerichtetheit ist auch heute noch vieles ungeklärt.

In einer Klausur ist an dieser Stelle streng **zwischen zwei Prüfungspunkten** zu unterscheiden: Voraussetzung ist zunächst, dass der Beamte überhaupt eine bestehende Amtspflicht verletzt hat (a). Anschließend ist zu untersuchen, ob diese Amtspflicht Drittschutz (gegenüber dem Geschädigten) entfaltet (b).

a) Verletzung einer Amtspflicht

Der handelnde Beamte muss eine Amtspflicht verletzt haben. Die Amtspflichten bestehen – wie soeben bereits angedeutet – rechtsdogmatisch nicht gegenüber dem einzelnen Bürger, sondern gegenüber dem jeweiligen Dienstherrn. Es sind also **Pflichten im Innenverhältnis.**[68] Die Rechtsprechung hat mittlerweile eine ganze Fülle von solchen Amtspflichten herausgearbeitet. Die bedeutendste dieser Pflichten wurde oben bereits erwähnt. Es ist die **Amtspflicht zu rechtmäßigem Verhalten.**[69] Der Beamte hat seine Aufgaben und Befugnisse in rechtmäßiger Weise auszuüben. Er ist über Art. 20 Abs. 3 GG an Gesetz und Recht gebunden und muss sein Handeln damit entsprechend der gesetzlichen Vorgaben ausüben.[70]

Diese noch sehr allgemein gehaltene Amtspflicht ist von der Rechtsprechung im Laufe der Zeit in viele einzelne konkrete Pflichten unterteilt worden. Als besondere Ausprägungen der allgemeinen Amtspflicht zu rechtmäßigem Verhalten sind insoweit zu nennen:

- Die Amtspflicht, **unerlaubte Handlungen zu unterlassen.**[71] Begeht der Beamte in Ausübung seiner

---

[68] *Zippelius/Würtenberger*, Deutsches Staatsrecht, S. 386.
[69] *Sprau*, in: Palandt, § 839 Rn 32.
[70] *Baldus/Grzeszick/Wienhues*, Staatshaftungsrecht Rn 88.
[71] Da diese Amtspflicht gegenüber jedermann und zu jederzeit besteht, wird hier auch von einer „absoluten" Amtspflicht gesprochen. Hierzu gehört auch die

öffentlichen Tätigkeit eine solche Handlung, verletzt er zugleich eine Amtspflicht.[72]

- Die Amtspflicht, **keine rechtswidrigen Rechtsakte zu erlassen**. Als solche Rechtsakte kommen sowohl Verwaltungsakte als auch Gesetze (formelle und materielle) in Betracht.[73] Besondere Ausprägungen dieser Amtspflicht finden sich im Baurecht im Rahmen der Aufstellung von Bebauungsplänen (wie etwa die Amtspflicht zur Trennung unverträglicher Nutzungen).[74]

- Die Amtspflicht **zur fehlerfreien Ermessensausübung**. An dieser Stelle ist das Handeln auf die aus dem Verwaltungsrecht bekannten Ermessensfehler zu untersuchen (Ermessensnichtgebrauch, Ermessensfehlgebrauch, Ermessensüberschreitung und Ermessensreduzierung auf Null).

- Die Amtspflicht **zu zügiger Sachentscheidung**.[75] Anträge des Bürgers müssen zügig behandelt und möglichst schnell beschieden werden, siehe auch § 10 S. 2 VwVfG. Teilweise finden sich in den einzelnen Sachgebieten ausdrückliche Fristen, in denen zu entscheiden ist. Eine Amtspflichtverletzung kann jedoch auch schon zu einem früheren Zeitpunkt gegeben sein.[76] Diese Amtspflicht spielt vor allem im Bereich des Baurechts im Baugenehmigungsverfahren[77] sowie im strafrechtlichen Ermittlungsverfahren[78] eine große Rolle. **Hinweis**: Im Falle überlanger Gerichtsverfahren kommt neben einer Amtshaftung

---

Pflicht, etwaige Verkehrsicherungspflichten einzuhalten, siehe BGH Urteil vom 4.3.2004, III ZR 225/03.
[72] BGHZ 69, 128; 118, 368.
[73] BGHZ 106, 323; 116, 315.
[74] Siehe BGHZ 106, 323.
[75] Siehe dazu auch das neue Urteil des BGH vom 11.1.2007, III ZR 302/05, wo es um Schadensersatzansprüche wegen der verzögerten Eintragung einer Vormerkung ging, siehe sogleich.
[76] Siehe BGHZ 30, 19.
[77] BGH NVwZ 1993, 299.
[78] BGHZ 20, 178.

auch ein Entschädigungsanspruch nach § 198 Abs. 1 GVG in Betracht.[79]

- Die Amtspflicht **zu konsequentem Verhalten**. Das Handeln des Beamten darf nicht im Widerspruch zu seinem früheren stehen, sofern der Einzelne auf das erste Handeln vertrauen durfte.

- Die Amtspflicht **zur Beachtung der höchstrichterlichen Rechtsprechung**. Der Umfang dieser Amtspflicht ist umstritten. Auslegungsentscheidungen haben grds. keine unmittelbare Bindungswirkung. Der handelnde Beamte kann damit von diesen auch abweichen. Zu verlangen ist jedoch, dass sich der Beamte mit der entgegenstehenden Rechtsprechung auseinandersetzt und die Gründe für sein Abweichen darlegt. Sofern richterliche Rechtsfortbildung zur Ausbildung von Gewohnheitsrecht führt, ist der Beamte hieran gebunden (Art. 20 Abs. 3 GG).[80]

- Die Amtspflicht **zur Erteilung korrekter Auskünfte**. Zwar besteht kein allgemeiner Anspruch des Bürgers auf die Erteilung von Auskünften. Sofern jedoch Auskünfte erteilt werden, sind diese klar, richtig, unmissverständlich, eindeutig und vollständig zu erteilen, um dem Bürger die Möglichkeit zu geben, entsprechend zu disponieren.[81]

- Die Amtspflicht **zu unionsrechtskonformen Verhalten**. Staatliche Stellen müssen das Unionsrecht beachten (siehe auch Art. 4 Abs. 3 EU).[82] Allerdings ist hier zu beachten, dass neben dem deutschen Amtshaftungsanspruch regelmäßig auch der unionsrechtliche Staatshaftungsanspruch einschlägig sein wird (siehe dazu im dritten Teil).

---

[79] Dazu *Remus*, NJW 2012, 1403 ff.
[80] *Stein/Itzel/Schwall*, Praxishandbuch des Staats- und Amtshaftungsrechts Rn 68.
[81] *Detterbeck/Windthorst/Sproll*, Staatshaftungsrecht, § 9 Rn 80.
[82] Zur Stellung des Unionsrechts im nationalen Recht siehe *Thiele*, Europarecht, § 6.

Lesenswert ist in diesem Zusammenhang eine **Entscheidung des BGH** (Az.: III ZR 302/05). In dem zugrunde liegenden Fall hatte ein Bauträger auf seinem Grundstück Eigentumswohnungen gebildet und diese an Interessenten verkauft. Die Kaufpreiszahlungen sollten erfolgen, wenn zugunsten der Käufer Vormerkungen im Grundbuch zur Sicherung ihrer Ansprüche auf Eigentumsübertragung eingetragen waren. Der hierfür zuständige Rechtspfleger des Amtsgerichts war jedoch überlastet und trug die Vormerkungen deswegen erst nach einem Jahr und acht Monaten ein. Wegen des dem insolvent gewordenen Bauträger entstandenen Zinsschadens verlangt nunmehr die finanzierende Sparkasse, der die Ersatzansprüche abgetreten worden sind, von dem Bundesland Schadensersatz in Höhe von zunächst etwa 450.000 Euro. Der BGH bejahte hier eine Amtspflichtverletzung dem Grunde nach. **Jede Behörde hat die Amtspflicht, Anträge mit der gebotenen Beschleunigung zu bearbeiten.** Der zuständige Beamte war jedoch überlastet, so dass dieser nicht schuldhaft handelte. In solchen Fällen haben jedoch nicht nur die zuständige Behörde (Amtsgericht), sondern auch die übergeordneten Stellen (Landgericht, Oberlandesgericht, Justizministerien) im Rahmen ihrer Möglichkeiten Abhilfe zu schaffen. Diesen war also die Amtspflichtverletzung zuzurechnen. Umstritten war dann jedoch, inwieweit die betroffenen Behörden zu einer ordnungsgemäßen Organisation überhaupt in der Lage gewesen wären. Hier bedurfte es noch weiterer Sachverhaltsfeststellungen, so dass eine Zurückverweisung an das Berufungsgericht erforderlich war. Umstritten war hier also allein die Frage des Verschuldens. Insoweit war dabei nach Ansicht des BGH noch eine Besonderheit zu berücksichtigen: Zwar muss im Grundsatz der betroffene Bürger das Verschulden beweisen. Vorliegend ergab sich jedoch das Problem, dass der Bürger entsprechende Beweismöglichkeiten überhaupt nicht hat; das Verschulden hängt ja allein von der internen Organisation bzw. der Ressourcenstruktur der Behörde ab. In einem solchen Fall (Organisationsverschulden) ist es daher ausnahmsweise die Behörde, die nachweisen muss, dass sie ein **Organisationsverschulden** nicht trifft. Es findet hier mithin eine Beweislastumkehr statt. Im Übrigen sei an dieser Stelle bereits darauf hingewiesen, dass der BGH auch die Voraussetzungen eines **enteignungsgleichen Eingriffs** angenommen hat.[83] Dieser Fall behandelt damit viele klassische Probleme des Staatshaftungsrechts und erscheint daher besonders klausurrelevant.

Auch im Falle **unangemessen langer gerichtlicher Verfahren**, kommt eine Amtspflichtverletzung des jeweiligen Richters in Betracht. Das Richterspruchprivileg des § 839 Abs. 2 BGB gilt nach dessen S. 2 nicht für das Unterlassen der richterlichen Amtstätigkeit oder Verzögerung. Ob eine pflichtwidrige Verweigerung oder Verzögerung vorliegt, ist dabei nicht mit Hilfe absoluter Obergrenzen, sondern anhand der Besonderheiten des

---

[83]   Dieser Entschädigungsanspruch wird unten im Rahmen der Darstellung der Enteignungsentschädigungen dargestellt.

jeweiligen Einzelfalls zu ermitteln. Dabei kommt es darauf an, ob sich die konkrete Dauer des Prozesses bei einer Abwägung der richterlichen Unabhängigkeit und der Komplexität des Falles auf der einen mit der verfassungsrechtlichen Verpflichtung zur Verfahrensförderung auf der anderen Seite als vertretbar erweist. Siehe dazu auch BGH, Urteil vom 04.11.2010, III ZR 32/10. Seit Ende 2011 findet sich in den **§ 198 ff.** GVG – auf Drängen des EGMR – nunmehr zudem ein **verschuldensunabhängiger Entschädigungsanspruch** im Falle unangemessener Verfahrensdauer. Zwischen dem Amtshaftungsanspruch und dem Anspruch aus § 198 Abs. 1 GVG besteht Anspruchskonkurrenz.[84] Die Angemessenheit der Verfahrensdauer richtet sich nach den „Umständen des Einzelfalls, insbesondere nach der Schwierigkeit und Bedeutung des Verfahrens und nach dem Verhalten der Verfahrensbeteiligten und Dritter" (§ 198 Abs. 1 S. 2 GVG). Diese Regelung wird man als allgemeinen Rechtsgedanken auch bei der Prüfung einer entsprechenden Amtspflichtverletzung heranziehen können. Eine Entschädigungsklage setzt voraus, dass der Betroffene die Verzögerung zunächst gerügt hat (Verzögerungsrüge, § 198 Abs. 3 GVG); sie ist frühestens sechs Monate nach Erhebung dieser Rüge zulässig. Die Zuständigkeit für die Entschädigungsklage richtet sich nach § 201 GVG.

In einem anderen Fall hatte sich der BGH mit den Pflichten eines kirchlichen Sektenbeauftragten einer öffentlich-rechtlich korporierten Religionsgemeinschaft auseinanderzusetzen. Der Sektenbeauftragte hatte den Anspruchssteller systematisch als **„Sektenführer"** bezeichnet und zudem geäußert, bei dessen Organisation handele es sich **„eindeutig um eine Psychosekte"**. Die Instanzgerichte hatten die Äußerungen des Sektenführers als von Art. 5 Abs. 1 GG gedeckte Meinungsäußerungen eingestuft und damit eine Amtspflichtverletzung abgelehnt. Der BGH folgte diesen Ausführungen jedoch nicht. Er hat – abgesehen von Zweifeln, ob die betreffende Äußerung unter den gegebenen Umständen ein bloßes Werturteil und keine Tatsachenbehauptung enthält – in Anknüpfung an die Rechtsprechung des Bundesverfassungsgerichts ausgesprochen, dass öffentlich-rechtlich korporierte Religionsgemeinschaften, die allgemein einen erhöhten Einfluss in Staat und Gesellschaft haben und nutzen, in weitergehendem Umfang als jeder Bürger das Persönlichkeitsrecht und die wirtschaftliche Existenz anderer im öffentlichen Meinungskampf zu achten haben. Es wird von ihnen, soweit sie sich "amtlich" äußern, zwar nicht – wie etwa vom Staat – Neutralität verlangt, wohl aber ein angemessener Grad an Sorgfalt, Sachlichkeit und Wahrhaftigkeit. Das bedeutet hier, dass der Sektenbeauftragte der Beklagten ein den Kläger persönlich wie auch als wirtschaftlichen Unternehmer existentiell berührendes Urteil der vorliegenden Art nicht abgeben durfte, ohne sich zuvor

---

[84] Dazu auch *Remus*, NJW 2012, 1403 ff. sowie *Ossenbühl*, DVBl. 2012, 857 ff., der hinsichtlich der Effektivität dieses neuen Instruments starke Zweifel äußert.

hinreichende tatsächliche Anhaltspunkte für eine solche Abqualifizierung verschafft zu haben.

Einem **Urteil des Brandenburgischen Oberlandesgerichts** vom 17.07.2012 (2 U 56/11) lag folgender (verkürzter) Sachverhalt zu Grunde: Zwei Mitarbeiter der Straßenmeisterei des Landes mähten einen zur Bundesstraße gehörenden seitlichen Grünstreifen. Die genutzten Handmotorsensen verfügten dabei über keine Auffangkörbe. Während der Arbeiten wurden Steine hochgeschleudert, was zu einer Beschädigung eines vorbeifahrenden Fahrzeugs führte. Das beklagte Land trug im Prozess vor dem Landgericht vor, dass die Arbeiten durch Verkehrssicherungszeichen ausgeschildert gewesen seien. Außerdem seien die Rundumleuchten sowie die Warnblinkanlage des Arbeitsfahrzeugs angeschaltet gewesen. Ein vorheriges Absuchen der zu mähenden Bereiche sei zwar nicht erfolgt, führte aber auch zu unverhältnismäßigen Kosten. Eine Sperrung der Straße sei unverhältnismäßig, ebenso wie das Aufstellen von Planen. Das Landgericht verneinte daher erstinstanzlich das Vorliegen einer Amtspflichtverletzung. Verlangt werden könnten nur solche Sicherungsmaßnahmen, die mit vertretbarem technischem und wirtschaftlichem Aufwand erreichbar seien und nachweislich zu besserem Schutz führten. Das Aufstellen der genannten Warnhinweise sowie das Mähen entgegen der Fahrtrichtung, so dass der Auswurf in Richtung des Grabens und nicht der Fahrbahn erfolgt, reichten hierfür aus. Das **OLG** ist dem entgegengetreten und **bejahte eine Amtspflichtverletzung.** Die Verwaltungszuständigkeit für die nach § 5 Abs. 1 FStrG in der Straßenbaulast der Bundesrepublik stehenden Bundesfernstraßen liege nach Art. 90 Abs. 2 GG, § 20 Abs. 1 FStrG bei den Straßenbaubehörden der Ländern, was es rechtfertige, dem beklagten Land auch die Verkehrssicherungspflicht für den relevanten Streckenabschnitt zuzuweisen. Der Straßenkörper erfasse dabei nicht nur die Fahrbahnen selbst, sondern auch Seiten- und Randstreifen. Diese öffentlich-rechtlich gestaltete Amtspflicht entspreche inhaltlich der allgemeinen **Verkehrssicherungspflicht** und erfasse auch Gefahren, die von der unmittelbaren Umgebung der Straße für den Straßenverkehr ausgehen könnten. Der Inhalt dieser Verkehrssicherungspflicht gehe deshalb dahin, die öffentlichen Verkehrsflächen möglichst gefahrlos zu gestalten und zu erhalten, sowie im Rahmen des Zumutbaren alles zu tun, um den Gefahren zu begegnen, die den Verkehrsteilnehmern aus einem nicht ordnungsgemäßen Zustand der Straßen etc. unabhängig von deren baulicher Beschaffenheit drohten und damit auch das Mähen von Grünstreifen. Derjenige, der eine Gefahrenlage schaffe, sei grds. verpflichtet, die notwendigen und zumutbaren Vorkehrungen zu treffen, um Schädigungen anderer möglichst zu verhindern. Andererseits könne nicht jeder abstrakten Gefahr durch vorbeugende Maßnahmen begegnet werden. Haftungsbegründend werde eine Gefahr erst dann, wenn sich die naheliegende Möglichkeit ergebe, dass Rechtsgüter anderer verletzt werden könnten. Auch dürften die Anforderungen an die Zumutbarkeit nicht überspannt werden. Hier war die Beklagte danach gleichwohl verpflichtet, die Gefahr, dass bei Mäharbeiten durch das Hochschleudern von Steinen eine Beschädigung von vorbeifahrenden PKW eintreten könne, möglichst weitgehend zu vermeiden. Es handele sich insoweit keineswegs um eine ganz fernliegende und nur in Ausnahmefällen vorkommende Gefahr, was auch dadurch deutlich werde, dass in der Bedienungsanleitung vorgegeben sei, wegen der Gefahr der Sachbeschädigung während der Bedienung einen Sicherheitsabstand von 15 Metern einzuhalten. Durch aufgestellte Warnhinweise werde vor dieser Gefahr nicht hinreichend geschützt, da die Verkehrsteilnehmer durch ihre Fahrweise eine Beschädigung ihres Fahrzeugs nämlich nicht vermeiden könnten – sie führen lediglich vorsichtiger und langsamer, könnten aber eine Beschädigung ihres Eigentums durch Steinschlag nicht verhindern. Allein im Mähen entgegen der Fahrtrichtung sei ebenfalls nicht ausreichend. Denn schon durch kleine Drehungen der Mitarbeiter könne es auch dann zu einem Schleudern des Mähguts auf die Straße kommen, zumal auch die Bedienungsanleitung einen Schutzabstand von 15 Metern in alle Richtungen vorgebe. Als weitere technisch mögliche und zumutbare Sicherungsmaßnahmen wäre etwa an das Errichten einer Schutzplanke/Schutzplane oder an ein zweites Fahrzeug als Schutzschild vor dem mähenden Bereich zu denken gewesen. Zudem wäre die Wahl einer verkehrsärmeren Zeit mit einer Unterbrechung der Arbeit während der Vorbeifahrt von Fahrzeugen in Betracht zu ziehen gewesen. Die verletzte Amtspflicht sei drittbezogen und die Mitarbeiter handelten auch schuldhaft, nämlich zumindest fahrlässig. Eine Haftung der Beklagten scheitere auch nicht an § 839 Abs. 1 S. 2 BGB, da dieser in Verkehrssicherungsfällen keine Anwendung finden könne (s.u.). Auf die Kollegialgerichtsrichtlinie (s.u.) ging der Senat nicht ein.

Im Rahmen einer Klausurbearbeitung sollte an dieser Stelle die verletzte Amtspflicht möglichst genau herausgearbeitet werden. **Zu beachten ist dabei Folgendes**: Aufgrund der dogmatischen Trennung zwischen Amtspflicht und Rechtsverletzung kann es im Einzelfall dazu kommen, dass ein Verhalten zwar als rechtswidrig im Außenverhältnis, jedoch amtspflichtgemäß im Innenverhältnis zu beurteilen ist.

Beispiel: Der Beamte B erlässt aufgrund einer innerdienstlichen Weisung des Vorgesetzten V eine rechtswidrige Baugenehmigung. Hat B eine Amtspflichtverletzung begangen?[85]

B hat hier **im Einklang** mit der **innerdienstlichen Weisung** gehandelt. Aufgrund des hierarchischen Aufbaus der Verwaltung ist diese für ihn bindend. Gegenüber seinem Dienst-

---

[85] Dazu auch *Zippelius/Würtenberger*, Deutsches Staatsrecht, S. 386.

herrn handelt der B daher **amtspflichtgemäß**. Eine Amtshaftung kommt aufgrund des Verhaltens des B daher nicht in Betracht.[86] Das bedeutet jedoch nicht, dass es dadurch zu einem Haftungsausschluss gegenüber dem betroffenen Bürger kommt. Denn zu beachten ist hier auch das Verhalten des V. Dieser hat dem B nämlich eine rechtswidrige Weisung erteilt. Damit ist jedenfalls dessen Verhalten auch als amtspflichtwidrig einzustufen; das rechtswidrige Handeln des B im Außenverhältnis ist mithin dem V zuzurechnen. Es kommt in einem solchen Fall also lediglich zu einer **Haftungsverlagerung** vom Dienstherrn des B auf den Dienstherrn des V.

Umstritten ist auch der umgekehrte Fall: Der Beamte B verstößt gegen bindendes Innenrecht, verletzt also bestehende Amtspflichten, handelt dabei aber im Außenverhältnis rechtmäßig. Sollte jemand durch ein solches Verhalten geschädigt werden, stellt sich die Frage nach dem Bestehen eines Amtshaftungsanspruchs.[87] Eine Amtspflichtverletzung liegt vor. Allerdings handelt der B im Einklang mit der bestehenden objektiven Rechtsordnung, weshalb die Anerkennung eines Amtshaftungsanspruchs auf Bedenken stößt. Im Ergebnis wird man daher stets verlangen müssen, dass die verletzte Amtspflicht auch zu einem Eingriff in den Rechtskreis des Geschädigten führt, da das Verhalten nur dann auch als objektiv widerrechtlich und damit als unrechtmäßig angesehen werden kann.[88] Dieses Beispiel zeigt jedoch noch einmal die Probleme auf, die aus der Trennung zwischen Innen- und Außenverhältnis entstehen können. **De lege ferenda** sollte diese Diskrepanz daher durch das Abstellen auf die Verletzung eines subjektiven Rechts beseitigt werden.

Probleme bereitet darüber hinaus die Frage der **Überprüfungskompetenz der Gerichte** im Falle **bestandskräftiger Verwaltungsakte**.[89] Aufgrund der in § 43 VwVfG getroffenen Regelung erwachsen auch rechtswidrige (und damit amtspflichtverletzende) Verwaltungsakte in Bestandskraft. Die durch solche Verwaltungsakte getroffene Regelung wird dann ohne Rücksicht auf die bestehende Rechtswidrigkeit für den Adressaten verbindlich. Auch andere staatliche Stellen dürfen diese Regelung aufgrund der eingetretenen Be-

---

[86]   Siehe dazu auch § 36 Abs. 2 BeamtStG.
[87]   Dazu *Detterbeck/Windthorst/Sproll*, Staatshaftungsrecht, § 9 Rn 89.
[88]   So auch *Detterbeck/Windthorst/Sproll*, Staatshaftungsrecht, § 9 Rn 90.
[89]   Siehe dazu auch *Zippelius/Würtenberger*, Deutsches Staatsrecht, S. 388.

standskraft grds. nicht mehr in Frage stellen.[90] Etwas anderes gilt nur im Falle von nach § 44 VwVfG nichtigen Verwaltungsakten.

Fraglich ist nun, ob diese Bestandskraft auch dazu führt, dass das Gericht, welches über den Amtshaftungsanspruch zu entscheiden hat, die Rechtmäßigkeit des Verwaltungsakts nicht mehr überprüfen darf. Die Konsequenz wäre, dass die Amtshaftungsklage dann schon aufgrund der vorliegenden Bestandskraft abzuweisen wäre.[91] Eine Schädigung durch einen rechtswidrigen Verwaltungsakt könnte der Einzelne ab dem Eintritt der Bestandskraft folglich nicht mehr geltend machen.

Der BGH geht jedoch davon aus, dass die **Bestandskraft** des Verwaltungsakts **einer inzidenten Rechtmäßigkeitsüberprüfung** desselben grds. **nicht entgegensteht.**[92] Nach seiner Auffassung bestehen zwischen dem Verwaltungsverfahren und dem gerichtlichen Verfahren bedeutende Unterschiede, die eine solch weitgehende Bindungswirkung der Judikative (und faktische Durchbrechung der Gesetzesbindung nach Art. 20 Abs. 3 GG) nicht zu rechtfertigen vermögen.[93] Zu beachten sei nämlich, dass bei einem gerichtlich nicht bestätigten (also schlicht bestandskräftigen Verwaltungsakt **nicht das erforderliche Maß an Richtigkeitsgewähr** gegeben sei. Das Verfahren, welches zum Erlass des Verwaltungsakts führe, sei nicht in demselben Maße mit rechtsstaatlichen Garantien ausgestattet, wie dies im gerichtlichen Verfahren der Fall sei. Eine unabhängige Kontrolle des Verwaltungshandelns sei eben noch nicht erfolgt.[94] **Zudem weist der BGH auf die Regelung des § 839 Abs. 3 BGB hin.** Danach führt nur das schuldhafte Nichteinlegen von Rechtsmitteln zu einem Ausschluss der Amtshaftung.

---

[90] *Maurer*, Allgemeines Verwaltungsrecht, § 11 Rn 8.
[91] Dazu ausführlich *Detterbeck/Windthorst/Sproll*, Staatshaftungsrecht, § 9 Rn 25 ff. Siehe auch *Stein/Itzel/Schwall*, Praxishandbuch des Staats- und Amtshaftungsrechts Rn 70 ff.
[92] Vgl. zuletzt BGH VersR 2011, 348 Rn 12. Dazu auch *Sprau*, in: Palandt, § 839 BGB Rn 87 sowie *Niedzwicki*, JuS 2015, 134.
[93] So auch *Frenz*, Öffentliches Recht Rn. 925.
[94] BGHZ 90, 17.

Diese Regelung würde unterlaufen, wenn die Bestandskraft einer Überprüfung des Verwaltungsakts in allen Fällen entgegenstünde.[95] Zusammenfassend geht der BGH also aufgrund folgender Argumente von einer Überprüfungskompetenz aus:

- Erst ein gerichtliches Verfahren mit den besonderen rechtsstaatlichen Garantien gewährleistet das erforderliche Maß an Richtigkeitsgewähr.
- § 839 Abs. 3 BGB würde unterlaufen.

Hinweis: In einer Klausur kann es aufgrund der Ansicht des BGH erforderlich sein, einen Verwaltungsakt innerhalb eines Amtshaftungsanspruchs inzident auf dessen Rechtmäßigkeit zu überprüfen. Im Rahmen dieser Prüfung ergeben sich dann keine Besonderheiten. Für den Klausursteller bietet sich so die Möglichkeit, allgemeine Probleme des Verwaltungsrechts im Rahmen eines Amtshaftungsfalls abzufragen. Vor der Prüfung des Verwaltungsakts wäre allerdings darzulegen, dass und warum eine solche Prüfung im Rahmen eines Amtshaftungsprozesses trotz der Bestandskraft erfolgen darf.

Aus der Argumentation des BGH wird zudem verständlich, warum er eine andere Auffassung vertritt, sofern der **Verwaltungsakt** bereits **gerichtlich bestätigt** worden sein sollte.[96] Auch durch eine solche gerichtliche Bestätigung erwächst der Verwaltungsakt in Bestandskraft. Sofern jedoch über die Rechtmäßigkeit des Verwaltungsakts (oder sonstigen Verwaltungshandelns) rechtskräftig entschieden worden ist, ist nunmehr auch das Gericht, welches über den Amtshaftungsanspruch zu entscheiden hat, an diese Auffassung gebunden. Eine erneute Prüfung ist dann also nicht möglich. Dies folgt aus der Überlegung, dass natürlich auch die erste gerichtliche Überprüfung das aus rechtsstaatlicher Perspektive erforderliche Maß an Richtigkeitsgewähr bietet, so dass nunmehr der Rechtssicherheit Vorrang einzuräumen ist. Das Problem verlagert sich hier dann auf die (prozessuale) Frage, welche amtshaftungsrelevanten Vorfragen des ersten Urteils tatsächlich in Rechtskraft erwachsen. So geht etwa von einem **Prozessurteil** (also Abweisung wegen

---

[95] BGHZ 113, 17.
[96] Dazu *Detterbeck/Windthorst/Sproll*, Staatshaftungsrecht, § 11 Rn 22 ff.

Unzulässigkeit der Klage) regelmäßig keine Bindungswirkung aus. Für die Klausurbearbeitung sollten sie jedenfalls Folgendes wissen:

- Ein verwaltungsgerichtliches Urteil, durch das ein **Verwaltungsakt aufgehoben** wird, enthält zugleich die Feststellung, dass der aufgehobene Verwaltungsakt rechtswidrig war. Eine erneute Prüfung der Rechtmäßigkeit ist in einem solchen Fall also nicht möglich. Der aufgehobene Verwaltungsakt ist daher auch in folgenden (Amtshaftungs-) Prozessen als rechtswidrig anzusehen.

- Ein verwaltungsgerichtliches Urteil, welches eine **Anfechtungsklage aus sachlichen** (und nicht prozessualen) **Gründen abweist**, stellt damit zugleich regelmäßig die Rechtmäßigkeit des zugrunde liegenden Verwaltungsakts fest. Der Verwaltungsakt ist dann als rechtmäßig anzusehen. Eine erneute Prüfung ist nicht mehr möglich.

Zur Beweislast: Generell obliegt es nach allgemeinen Grundsätzen dem Anspruchsteller die Amtspflichtverletzung zu beweisen. Diese allgemeine Regel kann jedoch in bestimmten Fällen unbillig erscheinen, wenn nämlich dem Anspruchsteller wegen fehlendem Einblicks in die interne Organisation eines öffentlich-rechtlichen Hoheitsträgers ein solcher Nachweis schlicht unmöglich ist. So verhält es sich etwa bei eventuellen Aufsichtspflichtverletzungen in öffentlich-rechtlichen Einrichtungen (z.B. Kindergärten). Im Privatrecht besteht für diesen Bereich daher mit § 832 Abs. 1 S. 2 BGB eine besondere deliktische Beweislastregelung, die für diese Fälle eine **Beweislastumkehr** anordnet. Nunmehr hat sich der BGH (unter ausdrücklicher Abkehr von seiner bisherigen Rechtsprechung) zu Recht dafür ausgesprochen, diese Sonderregelung auch im Bereich der Amtshaftung heranzuziehen, vgl. BGH, Urteil vom 13.12.2012, III ZR 226/12. Siehe dazu auch die Anmerkungen von *Schneider*, JZ 2013, 365 ff. sowie *Förster*, NJW 2013, 1201 ff. Die Beweislastumkehr betrifft in diesen Fällen dabei neben der Amtspflichtverletzung auch die Kausalität und das Verschulden (siehe sogleich).

b) Drittschutz der verletzten Amtspflicht

Die Verletzung einer Amtspflicht allein ist für die Bejahung eines Amtshaftungsanspruchs nicht ausreichend. Erforderlich ist vielmehr, dass diese **Amtspflicht auch dem geschädigten Dritten gegenüber bestand**. Die jeweilige Amtspflicht muss also **Drittschutz** entfalten. Durch dieses Erfordernis wird eine gewisse Begrenzung der Einstandspflicht des Staates bezweckt, indem nicht jeder auf der Amtspflichtverletzung beruhende Schaden zu einer Ersatzpflicht des Staates führt. Hier zeigt sich damit eine gewisse Vergleichbarkeit zum Bereich des primären Rechtsschutzes. Auch dort begründet die Rechtswidrigkeit einer staatlichen Maßnahme allein noch nicht die Möglichkeit des Einzelnen, auch dessen Aufhebung zu erreichen. Erforderlich ist vielmehr, dass die Rechtswidrigkeit gerade aus der Verletzung subjektiver Rechte im Sinne des § 42 Abs. 2 VwGO resultiert. Aus dogmatischer Sicht bleiben freilich Unterschiede bestehen, da die Verletzung individueller Rechte nicht mit der Verletzung drittgerichteter Amtspflichten gleichgesetzt werden kann.

Im Rahmen einer Klausurbearbeitung ist die Frage des Drittschutzes folgendermaßen zu untersuchen: Zunächst ist zu klären, ob der verletzten Amtspflicht überhaupt eine Drittwirkung zukommt (aa). Anschließend ist zu untersuchen, ob der eingetretene Schaden vom sachlichen Schutzbereich der Amtspflicht umfasst ist (bb) und ob zudem gerade der Geschädigte in den personellen Schutzbereich der Amtspflicht fällt (cc).[97]

aa) Ermittlung des generellen Drittschutzes

Zunächst ist zu klären, ob die verletzte Amtspflicht überhaupt drittschützenden Charakter aufweist. Zur Ermittlung

---

[97] So auch *Maurer*, Allgemeines Verwaltungsrecht, § 26 Rn 19.

des Drittschutzes einer Amtspflicht kann dabei auf die Grundsätze der sogenannten **Schutznormtheorie** zurückgegriffen werden, die für die Klagebefugnis nach § 42 Abs. 2 VwGO entwickelt worden ist. Damit ist eine Amtspflicht also dann als drittschützend anzusehen, wenn sie zumindest auch den Zweck hat, die Interessen Einzelner zu schützen und es diesen Personen ermöglichen soll, sich auf diese Begünstigung zu berufen (**Schutzzwecktheorie**).[98] Dies ist jedenfalls bei einer **Verletzung subjektiver Rechte** stets anzunehmen, da die betroffenen Personen dann auch im Rahmen des primären Rechtsschutzes als klagebefugt anzusehen wären.[99] Im Übrigen ist hier im Rahmen einer Klausurbearbeitung eigene Argumentation gefragt. Entscheidend ist jeweils die Auslegung der konkret in Rede stehenden Amtspflicht.

Dabei ist zu beachten, dass der Schutzzweck im Grundsatz vom Gesetzgeber frei festgelegt werden kann, was freilich nur selten ausdrücklich erfolgt. Regelmäßig bedarf es also einer umfassenden Auslegung der relevanten Normen. Für den Bereich der Finanzaufsicht findet sich hingegen in **§ 4 Abs. 4 FinDAG** eine Bestimmung, wonach die BaFin nur im öffentlichen Interesse tätig wird. Eine Amtshaftung kommt damit im Grundsatz nicht in Betracht. Da der Gesetzgeber hier allerdings gerade den Ausschluss der Amtshaftung bezweckte, wird man eine solche Regelung an den grds. Anforderungen messen müssen, die für einen solchen Ausschluss gelten. Siehe dazu unten.

bb) Sachlicher Umfang des Drittschutzes

Der konkret entstandene Schaden muss weiterhin in den **Schutzbereich der verletzten Amtspflicht** fallen. Der BGH umschreibt dies folgendermaßen:

„Andererseits hat ein Dritter im Sinne des § 839 Abs. 1 BGB nicht ohne weiteres Anspruch auf Ausgleich aller ihm durch die Amtspflichtverletzung zugefügten Nachteile. Vielmehr ist jeweils zu prüfen, ob gerade das im Einzelfall berührte Interesse nach dem Zweck und der rechtlichen Bestimmung des Amtsgeschäfts geschützt werden soll."[100]

---

[98] *Detterbeck/Windthorst/Sproll*, Staatshaftungsrecht, § 9 Rn 103.
[99] *Maurer*, Allgemeines Verwaltungsrecht, § 26 Rn 19.
[100] BGHZ 140, 380.

Auch der sachliche Schutzbereich ist durch Auslegung zu ermitteln. Entscheidend ist der konkrete **Schutzzweck der relevanten Amtspflicht.**

Beispiel: Die Gemeinde G erstellt einen Bebauungsplan. Daraufhin erwirbt B ein Grundstück, welches in dem B-Plan als Bauland ausgewiesen ist. Es stellt sich dann jedoch heraus, dass dieses Grundstück aufgrund von Vorbelastungen für eine Wohnbebauung viel zu stark kontaminiert ist. Kann B Ersatz der erhöhten Kosten für die Bebauung verlangen, die für die Reinigung der kontaminierten Erde entstehen?

Die Gemeinde hat hier ihre Pflicht aus § 1 Abs. 6 Nr. 1 BauGB verletzt. Danach ist sie bei der Aufstellung der Bebauungspläne verpflichtet, gesunde Wohn- und Arbeitsverhältnisse zu wahren. Diese Amtspflicht bezweckt den Gesundheitsschutz für die in dem betreffenden Gebiet wohnenden Personen. Der sachliche Schutzbereich der Regelung umfasst daher auch nur solche Schäden, die **in einem unmittelbaren Zusammenhang mit einer möglichen Gesundheitsgefährdung** stehen. Das ist bei Kosten für die Reinigung des Erdreichs der Fall. Denn durch diese Reinigung sollen gerade die Gesundheitsgefahren, die ansonsten im Falle einer Bewohnung des betroffenen Grundstücks entstünden, beseitigt werden.[101] Ersatzfähig sind darüber hinaus aber auch etwa die Aufwendungen für den fehlgeschlagenen Grundstückserwerb und den Bau des Wohngebäudes selbst. Auch diese Schäden stehen in einem unmittelbaren, mit dem aus der Gesundheitsgefahr resultierenden völligen Ausschluss der Nutzungsmöglichkeit.[102]

Letztlich handelt es sich hier um eine Art Vertrauenshaftung der Gemeinde. Diese ruft nämlich durch den Bebauungsplan jedenfalls das Vertrauen des Eigentümers hervor, dass der Boden nicht übermäßig kontaminiert und damit für eine Wohnbebauung geeignet ist. Für den letztlich geschädigten Dritten ist dieses Risiko weder vorhersehbar noch beherrschbar. Die Gemeinde kann und muss diese Möglichkeit

---

[101] Siehe dazu BGHZ 123, 363.
[102] *Detterbeck/Windthorst/Sproll*, Staatshaftungsrecht, § 9 Rn 119.

hingegen bereits bei der Planung berücksichtigen. In keinem unmittelbaren Zusammenhang mit der Gesundheitsgefährdung steht jedoch der Vermögensschaden, der dadurch eintritt, dass anliegende Grundstücke aufgrund der Kontamination einen Wertverlust erleiden, solange ein Wohnen hier ohne Gesundheitsgefahren möglich bleibt. Solche Schäden könnten also nicht im Wege der Amtshaftung ersetzt werden. Im Rahmen einer Klausur ist – wie stets – eigene Argumentation gefragt.

cc) Persönlicher Umfang des Drittschutzes

(1) Grundsatz

Erforderlich ist zuletzt, dass der Geschädigte auch in den **personellen Schutzbereich** der verletzten Amtspflicht fällt. Auch der personelle Schutzbereich ist durch Auslegung zu ermitteln. Erforderlich ist, dass die verletzte Amtspflicht ihrem Zweck nach gerade den Personenkreis schützen will, zu dem der Geschädigte gehört. Sollte dies nicht der Fall sein, erhält der Geschädigte – jedenfalls nach Amtshaftungsgrundsätzen – keinen Ersatz. Für die Ermittlung des persönlichen Schutzbereichs kann ebenfalls auf die Grundsätze, die aus der **Schutznormtheorie** bekannt sind, zurückgegriffen werden.

Keine Probleme bereitet der Drittschutz in personeller Hinsicht, soweit es um die Verletzung **absoluter Amtspflichten** geht. Diese Amtspflichten schützen alle Personen, die Inhaber der in den Bestimmungen genannten Rechtsgüter sind.[103]

Beispiel: Die Amtspflicht, unerlaubte Handlungen im Sinne des § 823 BGB zu unterlassen, ist eine absolute Amtspflicht und schützt in personeller Hinsicht jeden, der Inhaber eines der in § 823 Abs. 1 BGB genannten Rechtsgüter ist.

Nach der Rechtsprechung des BGH ist auch denkbar, dass **andere Hoheitsträger** in den personellen Schutzbereich ei-

---

[103] *Stein/Itzel/Schwall*, Praxishandbuch des Staats- und Amtshaftungsrechts Rn 91a.

ner Amtspflicht fallen. Dies ist jedoch nur dann der Fall, wenn der handelnde Beamte bei Erledigung seiner Dienstgeschäfte der geschädigten Körperschaft in einer Weise gegenübertritt, wie sie für das Verhältnis zwischen ihm und seinem Dienstherrn einerseits und dem Staatsbürger andererseits charakteristisch ist.[104] Amtshaftungsansprüche scheiden hingegen aus, wenn die beiden betroffenen Körperschaften bei der Erfüllung einer ihnen gemeinsam übertragenen Aufgabe gleichsinnig und nicht in Vertretung einander widerstreitender Interessen derart zusammenarbeiten, dass sie im Rahmen dieser Aufgabe als Teil eines einheitlichen Ganzen erscheinen. Die geschädigte Körperschaft kann bei einer solchen kooperativen Zusammenarbeit nicht als „Dritte" im Sinne des Amtshaftungsrechts angesehen werden.[105]

Beim **(rechtswidrig verweigerten) gemeindlichen Einvernehmen nach § 36 Abs. 1 BauGB** hängt der Drittschutz davon ab, ob die über die Baugenehmigung letztlich entscheidende Bauaufsichtsbehörde die rechtliche Möglichkeit hat, dieses Einvernehmen zu ersetzen (§ 36 Abs. 2 S. 3 BauGB). Ist dies nicht der Fall, ist die Verweigerung für die Bauaufsichtsbehörde bindend. Sie kann also nicht anders entscheiden, als die Baugenehmigung zu verweigern. Die Verweigerung ist dann letztlich der Gemeinde zuzurechnen, so dass deren Amtspflichtverletzung Drittschutz entfaltet. Sofern die Bauaufsichtsbehörde jedoch befugt ist, das Einvernehmen zu ersetzen, ist dies anders zu beurteilen. Hier entfaltet allein die Entscheidung der Bauaufsichtsbehörde den erforderlichen Drittschutz, da die Ablehnung der Baugenehmigung dann auf einer eigenständigen Entscheidung der Bauaufsichtsbehörde beruht, der Gemeinde also nicht zurechenbar ist. Dabei ist zudem davon auszugehen, dass die Bauaufsichtsbehörde verpflichtet ist, ein rechtswidrig verweigertes Einvernehmen der Gemeinde zu ersetzen. Tut sie dies nicht und lehnt die Baugenehmigung aus diesem Grund ab, handelt sie also ihrerseits amtspflichtwidrig. Dass § 36 Abs. 2 S. 3 BauGB als Kann-Vorschrift ausgestaltet ist, ändert daran nichts. Insoweit handelt es sich bei dieser Vorschrift um eine bloße Befugnisnorm, bei der auf der Rechtsfolgenseite kein Ermessen besteht, sondern eine gebundene Entscheidung zu treffen ist. Siehe dazu BGH, Urteil vom 16.09.2010, III ZR 29/10[106] sowie BGH, Urteil vom

---

[104] BGHZ 153, 198. Siehe dazu auch die Auflistung der Rechtsprechung bei *Stein/Itzel/Schwall*, Praxishandbuch des Staats- und Amtshaftungsrechts Rn 96 sowie *Detterbeck/Windthorst/Sproll*, Staatshaftungsrecht, § 9 Rn 162.

[105] Siehe dazu auch den Fall bei *Thiele*, JuS 2006, 534.

[106] Dazu auch *Schoch*, NVwZ 2012, 777 (783 f.).

25.10.2012, III ZR 29/12. **Fallbearbeitung** bei *Rietzler/Weinbuch*, Jura 2012, 973

Die **Amtspflicht zur Abwehr von Hochwassergefahren** ist drittschützend, vgl. BGH, Urteil vom 05.06.2008, III ZR 137/07: „Diese Amtspflichten bestehen über den Schutz der Allgemeinheit hinaus auch im Interesse der durch Überschwemmungen gefährdeten Einzelnen und sind darum im Sinne des § 839 Abs. 1 S. 1 BGB drittschützend. Der Senat hat die Amtspflichten zur Abwehr von Hochwassergefahren mit Rücksicht auf die konkrete Gefährdung des Lebens, der Gesundheit, des Eigentums und sonstiger Rechte und Rechtsgüter einzelner Bürger stets als drittgerichtet angesehen."

(2) Persönlicher Drittschutz im Falle legislativen Unrechts

Besonders umstritten – und damit auch besonders klausurrelevant – ist die Frage, inwieweit eine Verletzung drittgerichteter Amtspflichten im Falle **legislativen (oder normativen) Unrechts** in Betracht kommt.[107] Kann der einzelne also Amtshaftungsansprüche geltend machen, wenn formelle oder materielle Gesetze etwa gegen Grundrechte verstoßen?

Beispiel: Der Bundestag erlässt ein Gesetz, in dem die Befugnisse für den Verkauf bestimmter Produkte unter Verletzung des Art. 12 Abs. 1 GG zu restriktiv bestimmt werden. Nachdem das Bundesverfassungsgericht das Gesetz für nichtig erklärt hat, möchte der Verkäufer B seinen durch das Gesetz erlittenen Schaden ersetzt verlangen. Hat B einen entsprechenden Amtshaftungsanspruch?

Der **BGH** lehnt das Vorliegen einer drittgerichteten Amtspflicht in diesen Fällen in ständiger Rechtsprechung ab. Er begründet diese Auffassung mit folgender Überlegung: Der Gesetzgeber werde beim Erlass abstrakt-genereller Regelungen nicht im Interesse bestimmter Personen oder Personenkreise, sondern vielmehr im **Allgemeininteresse** tätig.[108] Die Amtspflicht zum Erlass rechtmäßiger Rechtsnormen bestehe daher ebenfalls grundsätzlich allein im Allgemeininteresse. Damit fehle es in diesen Fällen an einer Drittgerichtetheit der Amtspflicht in personeller Hinsicht.

---

[107] Siehe auch *Zippelius/Würtenberger*, Deutsches Staatsrecht, S. 386 f.
[108] BGHZ 134, 30. So auch *Frenz*, Öffentliches Recht Rn 935.

Im Beispielsfall scheitert ein Amtshaftungsanspruch des B nach Ansicht des BGH daher bereits an der fehlenden drittgerichteten Amtspflicht.

Etwas anderes gilt jedoch auch nach der Rechtsprechung im Falle des Erlasses von **Bebauungsplänen** oder **Einzelfallgesetzen**. Hier sei der betroffene Personenkreis kleiner und damit auch im Einzelnen bestimmbar.[109]

So gelten etwa Bebauungspläne, die als Satzung ergehen, regelmäßig nur für einzelne Teilgebiete einer Gemeinde. Die Normadressaten sind allein die Eigentümer der Grundstücke des beplanten Gebietes und lassen sich abschließend ermitteln. Damit kann der Erlass rechtswidriger Bebauungspläne zumindest theoretisch auch Amtshaftungsansprüche auslösen. Zu prüfen sind allerdings auch die weiteren Voraussetzungen, wie das Verschulden der handelnden Gemeindevertreter.

Die Ansicht des BGH, die eine Amtshaftung im Falle normativen Unrechts im Grundsatz ablehnt, ist in der Literatur **höchst umstritten**. So bezeichnet *Maurer* die Begründung des BGH als bereits „im Ansatz verfehlt".[110] Seiner Auffassung nach kommt es für die Frage der drittgerichteten Amtspflicht nämlich nicht auf die zu erlassende Rechtsnorm, sondern die bei deren Erlass zu beachtenden höherrangigen Rechtsnormen an. Sofern der Gesetzgeber mithin Grundrechte verletze, komme auch ein Amtshaftungsanspruch in Betracht, da diese jedenfalls individualschützenden Charakter aufwiesen. Ganz ähnlich argumentiert auch *Windthorst*.[111] Auch er weist darauf hin, dass für die Frage des Drittbezugs nicht die Rechtsnatur des eingreifenden Hoheitsaktes, sondern seine Auswirkung auf die Rechtsstellung des Einzelnen maßgeblich sei. Verletze der Normgeber durch rechtswidrigen Normerlass ein Grundrecht, bestünden auf der Ebene des Primärrechtsschutzes subjektive öffentliche Abwehr- und Unterlassungsansprüche, mit denen auf der Ebene des Sekundärrechtsschutzes die Drittbezogenheit der verletzten Amtspflicht korrespondiere.

---

[109] BGHZ 106, 323; 108, 224; 113, 367.
[110] *Maurer*, Allgemeines Verwaltungsrecht, § 26 Rn 51.
[111] *Windthorst*, in: Detterbeck/Windthorst/Sproll, Staatshaftungsrecht, § 9 Rn 158.

Demgegenüber stimmt *Detterbeck* der Ansicht des BGH zu.[112] Seiner Auffassung nach setze Art. 34 GG iVm § 839 BGB eine „individualisierte Beziehung" zwischen der verletzten Amtspflicht und dem Geschädigten voraus. Ein derartiges Näheverhältnis bestehe beim Erlass generell-abstrakter Rechtsnormen jedoch in der Regel gerade nicht. Auch *Schwerdtfeger* lehnt die Verletzung einer drittgerichteten Amtspflicht ab, da der Gesetzgeber beim Normerlass allein den Grundrechtsschutz der Allgemeinheit und nicht einer individuellen Person zu berücksichtigen habe.[113]

Im **Rahmen einer Klausur** können Sie dabei mit der obigen Argumentation grds. allen Ansichten folgen. Zu berücksichtigen ist jedoch Folgendes: Sofern Sie auch im Falle normativen Unrechts von einer verletzten drittgerichteten Amtspflicht ausgehen, heißt dies noch nicht, dass der Geschädigte auch tatsächlich einen Amtshaftungsanspruch hat. Gerade beim Erlass von Gesetzen wird ein solcher vielmehr regelmäßig daran scheitern, dass den Abgeordneten kein Verschulden nachgewiesen werden kann.[114] In Fällen mit europarechtlichem Bezug ist zudem zu beachten, dass der europarechtliche Staatshaftungsanspruch nach der Rechtsprechung des EuGH keinen Haftungsausschluss für legislatives Unrecht zulässt.

3. Verschulden

Nach § 839 Abs. 1 BGB besteht ein Amtshaftungsanspruch nur dann, wenn der jeweilige Amtsträger auch **schuldhaft gehandelt** hat. Vorsätzliches Handeln wird dabei gerade im Rahmen juristischer Klausuren nur selten vorliegen, bereitet dann aber regelmäßig auch keine weiteren Probleme. Es liegt dann vor, wenn sich der Amtswalter bewusst über seine Amtspflichten hinwegsetzt. Es genügt dolus eventualis.[115]

Die Frage, ob in der konkreten Situation nur fahrlässiges oder bereits vorsätzliches Handeln vorliegt, kann jedoch nicht offen gelassen werden, da dies für die weitere Prüfung durchaus von Bedeutung sein kann. So kommt eine Verweisung des Geschädigten auf anderweitige Ersatzmöglichkeiten nach § 839 Abs. 1 S. 2 BGB nur im Falle fahrlässigen, nicht

---

[112] *Detterbeck*, Allgemeines Verwaltungsrecht Rn 1071.
[113] *Schwerdtfeger*, Öffentliches Recht in der Fallbearbeitung Rn 322.
[114] So auch *Maurer*, Allgemeines Verwaltungsrecht, § 26 Rn 51 sowie *Detterbeck*, Allgemeines Verwaltungsrecht Rn 1074.
[115] *Detterbeck/Windthorst/Sproll*, Staatshaftungsrecht, § 9 Rn 176.

jedoch vorsätzlichen Verhaltens in Betracht. Bei vorsätzlichem Verhalten ist es zudem denkbar, dass die Amtspflichtverletzung „nur bei Gelegenheit", also nicht „in Ausübung" erfolgt ist, s.o.

Die Frage, ob der Amtswalter fahrlässig gehandelt hat bestimmt sich nach **§ 276 Abs. 2 BGB**. Diese Norm legt einen **objektiven Verschuldensmaßstab** zu Grunde. Es kommt also auf die im Verkehr generell erforderliche Sorgfalt an. Damit ist hinsichtlich des Verschuldensmaßstabs nicht auf den konkret handelnden Beamten, sondern vielmehr auf den pflichtgetreuen Durchschnittsbeamten abzustellen.[116] Diese objektiven Bewertungskriterien gelten auch für **Gemeinderatsmitglieder** oder sonstige Mitglieder kommunaler Körperschaften.[117] Eine Haftungserleichterung kommt bei diesen Personen also nicht in Betracht, obwohl es sich hier regelmäßig um ehrenamtlich tätige Laien handelt. Eine andere Auffassung würde das Schadensrisiko dieses hoheitlichen Handelns in unzulässiger Weise auf den einzelnen Bürger abwälzen.[118] Damit müssen sich also auch Ratsmitglieder in ausreichender Form auf die einzelnen Sitzungen vorbereiten und sich notfalls Rat von Dritter Seite einholen, falls ihnen die Sachkunde eines „Durchschnittsbeamten" für die konkret zu fällende Entscheidung fehlt.

Nach Auffassung des BGH fehlt es an einem Verschulden, wenn der Amtswalter bei einer **zweifelhaften Rechtslage** nach einer gründlichen rechtlichen und sachlichen Prüfung zu einer vertretbaren Lösung kommt, selbst wenn diese letztlich durch die Rechtsprechung nicht bestätigt werden sollte.[119] Demgegenüber nimmt die Rechtsprechung ein Verschulden an, sofern die Gesetzesauslegung des Beamten gegen ständige **höchstrichterliche Rechtsprechung** verstößt.[120] Der handelnde Beamte muss sich also stets mit der auf seinem Gebiet maßgeblichen Rechtsprechung vertraut

---

[116] *Maurer*, Allgemeines Verwaltungsrecht, § 26 Rn 24.
[117] BGHZ 106, 323.
[118] *Detterbeck/Windthorst/Sproll*, Staatshaftungsrecht, § 9 Rn 178.
[119] BGHZ 119, 365. Siehe auch *Zippelius/Würtenberger*, Deutsches Staatsrecht, S. 387.
[120] *Sprau*, in: Palandt, § 839 Rn 53.

machen; der Einwand mangelnder Rechtskenntnis ist insoweit unzulässig.[121]

Diese Auffassung des BGH hinsichtlich der Bindungswirkung höchstrichterlicher Entscheidungen ist **äußerst problematisch**, da die Exekutive nach Art. 20 Abs. 3 GG nur an Gesetz und Recht gebunden ist. Ein Verschulden des Beamten kann daher eigentlich nur dann vorliegen, wenn die Auslegung des Beamten den Bereich juristisch vertretbarer Lösungen verlässt, ohne dass es darauf ankommen kann, ob die Judikative in ständiger Rechtsprechung selbst eine andere Ansicht vertritt.[122]

Nach der ebenfalls äußerst umstrittenen Rechtsprechung des BGH kommt ein Verschulden des Amtswalters dann nicht in Betracht, wenn ein aus mehreren Rechtskundigen bestehendes Kollegialgericht das Verhalten selbst als objektiv rechtmäßig, also amtspflichtgemäß beurteilt hat (sog. **Kollegialgerichtsrichtlinie**).[123] Zur Begründung führt der BGH aus, dass von einem einzelnen Beamten nicht mehr Rechtskenntnisse erwartet werden könnten, als von einem ganzen Richterkollegium.[124]

Diese Auffassung wird von der Literatur zu Recht kritisiert.[125] Sie führt nämlich zum einen zu der etwas seltsamen Konsequenz, dass ein Rechtsmittel gegen eine Entscheidung eines Kollegialgerichts von vornherein keine Aussicht auf Erfolg hat, sofern dieses eine Amtspflichtverletzung abgelehnt haben sollte. Damit wird also praktisch der an sich **vorgesehene Instanzenzug unterlaufen**. Zu beachten ist jedoch zum anderen Folgendes: Sofern ein Kollegialgericht objektiv amtspflichtwidriges Verhalten als amtspflichtgemäß beurteilen sollte, handelt es seinerseits rechtswidrig. Diese doppelte Rechtswidrigkeit führt nach der Lösung des BGH letztlich dazu, dass der Betroffene auf seinem Schaden sitzen bleibt.[126] Ein Vorgehen gegen das Gericht wird nämlich

---

[121] *Maurer*, Allgemeines Verwaltungsrecht, § 26 Rn 25.
[122] Siehe dazu ausführlich *Detterbeck/Windthorst/Sproll*, Staatshaftungsrecht, § 9 Rn 181 ff.
[123] BGHZ 97, 97; 134, 268; BGH NVwZ-RR 2000, 744.
[124] So schon das RG in RGZ 106, 406. Siehe auch BGHZ 73, 161.
[125] Siehe *Maurer*, Allgemeines Verwaltungsrecht, § 26 Rn 25; *Detterbeck/Windthorst/Sproll*, Staatshaftungsrecht, § 9 Rn 185 ff.
[126] *Detterbeck/Windthorst/Sproll*, Staatshaftungsrecht, § 9 Rn 185.

regelmäßig an § 839 Abs. 2 S. 1 BGB[127] scheitern. Diese Konsequenz ist jedoch mit rechtsstaatlichen Prinzipien nur schwer vereinbar.

Im Übrigen ist es auch dogmatisch nicht wirklich verständlich, warum diese Rechtsprechung allein auf den Bereich der Amtshaftung beschränkt bleiben soll. Warum findet er also etwa im Zivilrecht keine Anwendung, wenn das Landgericht im Rahmen eines Zivilprozesses eine Pflichtverletzung des Schuldners abgelehnt haben sollte?

Der BGH hat diese Kritik aufgenommen und versteht die Kollegialgerichtslinie mittlerweile nur noch als **„allgemeine Leitlinie"**, von der im Einzelfall abgewichen werden kann.[128] Zudem findet sie danach in den folgenden Konstellationen überhaupt keine Anwendung mehr:

- Die Kollegialentscheidung ist offensichtlich unrichtig.
- Das Kollegialgericht hat bei seiner Entscheidung wesentliche rechtliche Gesichtspunkte nicht berücksichtigt oder ist von einem unzutreffenden Sachverhalt ausgegangen.
- Das Kollegialgericht hat seine Entscheidung lediglich in einem summarischen Verfahren (Beispiel: einstweiliger Rechtsschutz) getroffen.
- Nach einer neueren Entscheidung kommt die Kollegialgerichtsrichtlinie auch dann nicht in Betracht, wenn von dem handelnden Beamten eine ganz besondere Sachkunde zu erwarten ist.[129]

Damit bleibt von der ursprünglichen Kollegialgerichtsrichtlinie letztlich nicht mehr viel übrig. Der BGH sollte diesen Grundsatz daher besser völlig aufgeben, da dieser immer wieder für eine gewisse Verwirrung sorgt. Die Tatsache, dass ein Kollegialgericht das Verhalten des Amtswalters gebilligt hat, kann und muss vielmehr auch ohne diesen Grundsatz in eine sorgfältige Prüfung des Verschuldens integriert werden. Dabei stellt eine solche Billigung jedoch nur ein Anzeichen dafür dar, dass der Amtswalter bei seiner Entscheidung schuldlos gehandelt hat. **Im Rahmen einer Klausur** sollten Sie jedenfalls generell davon Abstand nehmen, ein

---

[127] Zu dieser Regelung siehe noch unten.
[128] Siehe etwa BGHZ 97, 97; 120, 184. Dazu auch *Sprau*, in: Palandt, § 839 Rn 53.
[129] BVerwG NVwZ 2006, 212.

Verschulden nur deshalb abzulehnen, weil eine kollegialgerichtliche Entscheidung vorliegt und das Verschulden nach der Darstellung der oben genannten Kritik umfassend diskutieren.

Eine **Modifizierung des Verschuldensmaßstabs** (etwa eine Begrenzung der Haftung auf grobe Fahrlässigkeit) ist nicht grundsätzlich ausgeschlossen. Eine solche Einschränkung darf jedoch nur durch oder aufgrund eines formellen Gesetzes erfolgen. Insbesondere die allgemeine Satzungsautonomie von Gemeinden genügt hierfür also nicht.[130]

Beispiel: Eine Gemeinde regelt die Benutzung einer öffentlichen Einrichtung durch eine Satzung. In dieser Satzung findet sich u.a. folgende Bestimmung: „Die Gemeinde haftet nicht für durch die Bediensteten verursachte leicht fahrlässige Schädigungen der Benutzer". Eine solche Regelung kann den Verschuldensmaßstab hinsichtlich des Amtshaftungsanspruchs nicht modifizieren. Die Gemeinde haftet demnach auch dann aus § 839 BGB iVm Art. 34 GG wenn nur leicht fahrlässiges Verhalten vorliegen sollte. Die Bestimmung kann jedoch Bedeutung für die Haftung aus einem verwaltungsrechtlichen Schuldverhältnis haben. In diesem Bereich ist eine Modifizierung des Verschuldensmaßstabs auch durch Satzung möglich. Zu den allgemeinen Voraussetzungen eines Haftungsausschlusses bzw. einer Haftungsbegrenzung unten.

Nach den allgemeinen Regeln obliegt es grundsätzlich dem Anspruchssteller (also dem geschädigten Bürger) das Verschulden nachzuweisen. Eine solche Regelung kann sich jedoch als unbillig erweisen. Dies gilt insbesondere für die Fälle des sogenannten **Organisationsverschuldens**. Hier kommt es für das Verschulden darauf an, ob der Anspruchsgegner seine Behörde so organisiert hat, wie es erwartet werden kann, um Amtspflichtverletzungen nach Möglichkeit auszuschließen. In solchen Situationen kommt es daher zu einer **Beweislastumkehr**, weil der Anspruchssteller entsprechende Beweismöglichkeiten regelmäßig nicht hat – die möglichen Verschuldensgründe liegen ja vollständig in der Sphäre des Anspruchsgegners (eine ähnliche Argumentation findet sich auch im Bereich der zivilrechtlichen Produzentenhaftung). Nunmehr muss also die Behörde nachweisen, dass sie aufgrund hinreichender Organisation gerade kein Verschulden trifft.

---

[130] BGHZ 61, 7.

Eine besondere Rolle spielt diese Frage, wenn es um die Amtspflicht zu zügiger Sachentscheidung geht. Der betroffene Bürger braucht dann nur nachzuweisen, dass die Behörde objektiv gegen diese Amtspflicht verstoßen hat. Anschließend obliegt es der Behörde nachzuweisen, dass sie an dieser Verzögerung kein Verschulden trifft, da sie in organisatorischer Sicht alles getan hat, um eine solche zu vermeiden. Siehe dazu auch den Fall des BGH vom 11.1.2007, III ZR 302/05, JZ 2007, 686. Im Falle eines überlangen Gerichtsverfahrens kommt eine solche Beweislastumkehr jedoch nicht in Betracht, da sich die Frage der Unangemessenheit hier objektiv nicht bestimmen lässt, vielmehr stets von den Umständen des Einzelfalls abhängt, vgl. § 198 Abs. 1 S. 2 GVG.

Eine entsprechende **Beweislastumkehr** gilt nach der neueren Rechtsprechung des BGH auch im Falle von **Aufsichtspflichtverletzungen** innerhalb öffentlich-rechtlicher Einrichtungen, vgl. BGH, Urteil vom 13.12.2012, III ZR 226/12. Hier greift der BGH nunmehr auf die Regelung des § 832 Abs. 1 S. 2 BGB zurück. Siehe dazu auch die Anmerkungen von *Schneider*, JZ 2013, 365 ff. sowie *Förster*, NJW 2013, 1201 ff.

4. Kausaler Schaden

Dem Geschädigten muss ein **grds. ersatzfähiger Schaden** entstanden sein. Im Rahmen des Amtshaftungsanspruchs sind prinzipiell alle vom sachlichen Schutzbereich der verletzten Amtspflicht abgedeckten Schadensposten ersatzfähig.

Das betrifft etwa Verzögerungsschäden, entgangenen Gewinn und ähnliches. Sofern die verletzte Amtspflicht in sachlicher Hinsicht auch das Leben und die Gesundheit schützt, kann auch Schmerzensgeld verlangt werden. Voraussetzung ist jedoch stets, dass die Amtspflichtverletzung auch **kausal** für den jeweiligen Schadensposten war.

An der – grundsätzlich vom Anspruchsteller nachzuweisenden – Kausalität scheiterte ein Amtshaftungsanspruch etwa in folgendem **Fall**:[131]

Der Pkw der Klägerin wurde am 26. August 2000 durch den herabstürzenden Ast eines Alleebaums (Pyramidenpappel) beschädigt. Die Klägerin wirft der beklagten niedersächsischen Gemeinde vor, diese habe

---

[131] BGH Urteil vom 4.3.2004, III ZR 225/03.

ihre Straßenverkehrssicherungspflicht verletzt, indem sie es unterlassen habe, die Alleebäume hinreichend zu kontrollieren. Sie verlangt daher von der Gemeinde Ersatz des ihr entstandenen Schadens von 969,41 Euro nebst Zinsen.

Zwar erstreckt sich die in Niedersachsen hoheitlich ausgestaltete **Straßenverkehrssicherungspflicht** auch auf den Schutz vor Gefahren durch Straßenbäume. Ihre Verletzung ist daher geeignet, Amtshaftungsansprüche zu begründen. Dabei geht die Rechtsprechung der Oberlandesgerichte weitgehend dahin, dass eine sorgfältige äußere Gesundheits- und Zustandsprüfung grundsätzlich zweimal im Jahr erforderlich ist, nämlich einmal im belaubten und einmal im unbelaubten Zustand. Nach den Feststellungen des Berufungsgerichts hatte hier die letzte Kontrollüberprüfung im Herbst 1999, möglicherweise sogar im Frühjahr 1999, stattgefunden. Daher lag es nahe – in Übereinstimmung mit dem Berufungsgericht – eine Verletzung dieser Kontrollpflicht zu bejahen. Der Amtshaftungsanspruch scheiterte jedoch daran, dass die Klägerin die **Ursächlichkeit einer etwaigen Pflichtverletzung** für den eingetretenen Schaden nicht hatte nachweisen können. **Darlegungs- und beweispflichtig ist insoweit der Anspruchsteller.** Ihm obliegt daher auch der Nachweis, dass bei der zumutbaren Überwachung der Straßenbäume eine Schädigung entdeckt worden wäre. Wurden die Bäume nicht kontrolliert, so ist dies für das Schadensereignis nur dann kausal, wenn eine regelmäßige Besichtigung zur Entdeckung der Gefahr bzw. der Schädigung des Baumes hätte führen können. **Beweiserleichterungen**, etwa nach Art des Anscheinsbeweises, konnten der Klägerin nach den Besonderheiten des hier zu beurteilenden Falles nicht zugute kommen. Zwar kann nach der Rechtsprechung des III. Zivilsenats dann, wenn die Amtspflichtverletzung und der zeitlich nachfolgende Schaden feststehen, der Geschädigte der öffentlichen Körperschaft den Nachweis überlassen, dass der Schaden nicht auf die Amtspflichtverletzung zurückzuführen ist. Das gilt jedoch nur, wenn nach der Lebenserfahrung eine tatsächliche Vermutung oder eine tatsächliche Wahrscheinlichkeit für den ursächlichen Zusammenhang besteht; anderenfalls bleibt die Beweislast beim Geschädigten. **Das Berufungsgericht hatte hier rechtsfehlerfrei eine derartige tatsächliche Vermutung oder Wahrscheinlichkeit verneint.**

Es hat ausgeführt, es sei unwahrscheinlich, dass der Ast bei einer unterstellten ordnungsgemäßen Kontrolle im Frühjahr 2000 als ein solcher aufgefallen wäre, der zu besonderen Sicherungsmaßnahmen Anlass gegeben hätte. Insbesondere wurden auch sonstige Krankheitszeichen, etwa am Stamm, die schon seit längerem hätten beobachtet werden können, nicht behauptet und waren auch sonst nicht erkennbar. Vielmehr kam als besonders naheliegende Schadensursache in Betracht, dass der Ast infolge eines zum Unfallzeitpunkt herrschenden Sturmes abgebrochen ist. Infolgedessen wurde der Amtshaftungsanspruch abgewiesen.

55

Probleme können auch im Falle **fehlerhafter Ermessens-entscheidungen** bestehen. Eine Kausalität liegt hier nur dann vor, wenn im Ergebnis feststeht, dass tatsächlich eine andere Entscheidung hätte getroffen werden müssen, die eine Schadensentstehung vollständig oder zumindest teilweise verhindert hätte.[132]

Bei **Aufsichtspflichtverletzungen** greift nach der neueren Rechtsprechung des BGH die Regelung des § 832 Abs. 1 S. 2 BGB. Auch die Kausalität der Amtspflichtverletzung für den eingetretenen Schaden wird danach also vermutet.

5. Keine anderweitige Ersatzmöglichkeit

Nach **§ 839 Abs. 1 S. 2 BGB** ist ein Amtshaftungsanspruch ausgeschlossen, sofern der Amtswalter nur fahrlässig gehandelt hat und der Verletzte auf andere Weise Ersatz zu erlangen vermag. Der Staat haftet also in diesen Fällen nur subsidiär. Auch dieses Verweisungsprivileg lässt sich nur historisch erklären: Da der Beamte für sein Fehlverhalten persönlich haftete, sollte ihm zumindest durch diese Verweisungsmöglichkeit eine gewisse Haftungserleichterung zu Gute kommen.[133] In heutiger Zeit führt diese noch immer bestehende Regelung jedoch zu einer **Haftungsprivilegierung des Staates**, der sich unter den genannten Voraussetzungen einer Haftung entziehen kann.[134] Mit einem modernen Staatshaftungsrecht hat eine solche Regelung nur wenig gemein. Dennoch konnte sich der BGH aufgrund des Vorrangs des Gesetzes bisher (zu Recht) nicht dazu durchringen, die Regelung zumindest faktisch außer Kraft zu setzen; sie beansprucht damit auch heute im Grundsatz weiterhin Geltung.[135] Aufgrund der bestehenden rechtsstaatlichen Bedenken gegen ein solches „Fiskusprivileg" wird § 839

---

[132] *Baldus/Grzeszick/Wienhues*, Staatshaftungsrecht Rn 113; *Detterbeck*, Allgemeines Verwaltungsrecht Rn 1085; *Zippelius/Würtenberger*, Deutsches Staatsrecht, S. 387.
[133] *Zippelius/Würtenberger*, Deutsches Staatsrecht, S. 387; *Detterbeck/Windthorst/Sproll*, Staatshaftungsrecht, § 10 Rn 8.
[134] *Baldus/Grzeszick/Wienhues*, Staatshaftungsrecht Rn 127.
[135] *Detterbeck/Windthorst/Sproll*, Staatshaftungsrecht, § 10 Rn 9.

Abs. 1 S. 2 BGB mittlerweile jedoch nur noch **sehr restriktiv angewendet.**[136] Nach der Rechtsprechung findet das Verweisungsprivileg daher insbesondere in den folgenden Fällen **keine Anwendung mehr:**[137]

- Es handelt sich bei dem anderweitigen Anspruch um einen Anspruch **gegen einen anderen Hoheitsträger.** Der Staat wird insofern haftungsrechtlich als eine Einheit betrachtet.[138]

- Der Schaden ist im Rahmen einer dienstlichen Teilnahme am **allgemeinen Straßenverkehr** entstanden. Der BGH begründet seine Auffassung damit, dass sich im Bereich des allgemeinen Straßenverkehrs ein eigenständiges Haftungssystem entwickelt habe, welches durch die Gleichheit der Teilnehmer geprägt sei. Eine Rechtfertigung für eine haftungsrechtliche Sonderbehandlung sei daher nicht ersichtlich.[139] Ihre Grundlage findet diese Rechtsprechung damit wohl in Art. 3 Abs. 1 GG.[140] Etwas anderes gilt indes dann, wenn im konkreten Fall Sonderrechte nach § 35 StVO in Anspruch genommen wurden.[141]

- Der Amtswalter hat **öffentlich-rechtliche Straßenverkehrssicherungspflichten** verletzt. Mittlerweile scheint der BGH diese Ausnahme auf alle öffentlich-rechtlichen Verkehrssicherungspflichten auszudehnen. Hinter dieser Rechtsprechung steht wiederum die Überlegung, dass die Verkehrssicherungspflichten grds. für jedermann gelten, der einen Ge-

---

[136] *Detterbeck*, Allgemeines Verwaltungsrecht Rn 1087; *Zippelius/Würtenberger*, Deutsches Staatsrecht, S. 387.

[137] Dazu auch *Sprau*, in: Palandt, § 839 Rn 56 f.

[138] Diese Ansicht folgt aus der Überlegung, dass der BGH die Fortgeltung des § 839 I 2 BGB unter anderem mit dem Schutz des Staates vor umfassenden Ersatzansprüchen des Bürgers begründet. Eine solche **Entlastungsfunktion** liegt jedoch dann nicht vor, wenn die Verweisung im Ergebnis zur Haftung eines anderen Teils des Staates führt.

[139] BGHZ 68, 217.

[140] Siehe *Detterbeck/Windthorst/Sproll*, Staatshaftungsrecht, § 10 Rn 19.

[141] BGHZ 85, 225.

fahrenbereich eröffnet.[142] Eine haftungsrechtliche Privilegierung des Staates wäre damit ebenfalls mit Art. 3 Abs. 1 GG und dem daraus resultierenden Gebot der haftungsrechtlichen Gleichbehandlung nicht vereinbar.

- Es handelt sich bei dem anderweitigen Anspruch um Lohnfortzahlungsansprüche oder **Ansprüche** aus einer gesetzlichen oder privaten Versicherung, **die auf eigenen Leistungen beruhen.** Diese Ansprüche hat sich der Geschädigte selbstständig erkauft. Sie haben nicht den Zweck, den Schädiger zu entlasten. **Achtung:** Das Verweisungsprivileg greift jedoch dann ein, wenn der Geschädigte einen anderweitigen Anspruch gegen die Haftpflichtversicherung eines anderen Schädigers haben sollte. Denn diese Leistung der Versicherung hat sich eben nicht der Geschädigte, sondern der Drittschädiger erkauft.[143] Zudem hat diese Leistung gerade den Zweck, den Schaden eines anderen vollständig zu kompensieren.

Das Verweisungsprivileg findet nach einer Entscheidung des BGH[144] auch dann keine Anwendung, wenn ein **Zivildienstleistender** eine Amtspflicht verletzt und dadurch einen anderen schädigt. In diesen Fällen bestünden zwar regelmäßig auch privatrechtliche Ansprüche des Geschädigten gegen die anerkannte privatrechtliche Einrichtung (vgl. § 4 ZDG), die den Zivildienstleistenden beschäftigt. Denn dieser Träger müsse auch für den Zivildienstleistenden nach den allgemeinen Grundsätzen (§ 278 BGB) einstehen. Die hoheitliche Zielsetzung, die dem Zivildienst – ähnlich dem Wehrdienst – eigen ist, nehme dem Geschädigten nicht seine vertraglichen Ansprüche gegen den Träger des Heims, der selbst entscheiden könne, welcher Personen er sich zur Erfüllung seiner Vertragspflichten bediene. Im Ergebnis müsse eine Verweisungsmöglichkeit nach § 839 Abs. 1 S. 2 BGB auf diesen privatrechtlichen Anspruch jedoch abgelehnt werden. Vielmehr hafteten beide (also sowohl der Bund als auch die anerkannte Einrichtung) als **Gesamtschuldner** im Sinne des § 426 BGB. Der BGH hat dabei auf die **besondere Ausgestaltung des**

---

[142] Siehe auch *Waldhoff*, JuS 2012, 764 sowie Brandenburgisches Oberlandesgericht, Urteil vom 17.07.2012, 2 U 56/11

[143] BGHZ 91, 48; *Detterbeck*, Allgemeines Verwaltungsrecht Rn 1087; *Detterbeck/Windthorst/Sproll*, Staatshaftungsrecht, § 10 Rn 31.

[144] BGH Urteil vom 14.11.2002, III ZR 131/01.

Zivildienstes, der in einer dafür anerkannten Beschäftigungsstelle oder in einer Zivildienstgruppe geleistet werden kann, hingewiesen und das damit verbundene Zusammenwirken von Bundesamt und Beschäftigungsstellen, die gleichsam in die Zivildienstverwaltung des Bundes eingegliedert sind, hervorgehoben. Es sei bei einer wertenden Betrachtungsweise geboten, ähnlich den Fällen der vermögensrechtlichen Einheit der öffentlichen Hand der Bundesrepublik den Einwand zu versagen, den Geschädigten auf Ansprüche gegen die – öffentlich-rechtlich oder privatrechtlich organisierte – Beschäftigungsstelle zu verweisen. Für den heutigen **Bundesfreiwilligendienst** dürften ähnliche Grundsätze gelten.

Sofern keiner dieser Sonderfälle gegeben sein sollte, müssen im Übrigen für eine Verweisung drei Voraussetzungen erfüllt sein:

1. Der Beamte muss **fahrlässig** gehandelt haben. Eine Verweisung kommt also bei vorsätzlichem Handeln nicht in Betracht.

2. Es muss eine anderweitige Ersatzmöglichkeit bestehen. Hierunter fallen grds. alle Leistungsverpflichtungen aufgrund derer Dritte für den entstandenen Schaden einzustehen haben. **Achtung**: Keine relevanten Ersatzansprüche sind Ansprüche aus privaten Versicherungen oder gegen andere Hoheitsträger (s.o.).

3. Der anderweitige Ersatzanspruch muss auch tatsächlich **durchsetzbar** sein und die Verweisung darf sich letztlich **nicht** als **unzumutbar** erweisen.[145] An einer solchen Durchsetzbarkeit mangelt es etwa dann, wenn der Drittschädiger vermögenslos ist oder sein gegenwärtiger Aufenthalt nicht bekannt sein sollte. Eine Verweisung ist jedoch dann nicht ausgeschlossen, wenn die Durchsetzbarkeit aufgrund eines schuldhaften Verhaltens des Geschädigten fehlt. So verhält es sich etwa dann, wenn dieser den Ersatzanspruch fahrlässig verjähren ließ. Demgegenüber ist es dem Geschädigten grds. nicht

---

[145] Diese Voraussetzung ergibt sich aus den Worten „Ersatz zu erlangen vermag". Daraus lässt sich folgern, dass eine Verweisung nur möglich ist, wenn der Geschädigte nicht nur eine theoretische, sondern auch eine faktische Ersatzmöglichkeit hat. Siehe auch *Sprau*, in: Palandt, § 839 Rn 59 f.

vorzuwerfen, wenn dieser mit einer Klage gegen den Dritten in der ersten Instanz scheitert und gegen dieses Urteil keinerlei Rechtsmittel einlegt.[146] An der Zumutbarkeit der Ersatzmöglichkeit mangelt es z.B. dann, wenn sich diese gegen andere Familienmitglieder richtet.

6. Kein Haftungsausschluss

a) Allgemeiner Haftungsausschluss

Art. 34 S. 1 GG sieht eine *grundsätzliche* Haftung des Staates für begangene Amtspflichtverletzung vor. Aus dieser Formulierung wird zutreffend geschlossen, dass (begrenzte) Ausnahmen von der Haftung zulässig sind. Nach überwiegender Ansicht in der Rechtsprechung und der Literatur ist ein solcher Haftungsausschluss aber nur unter den folgenden Voraussetzungen zulässig:

1. Es bedarf eines sachlichen Grundes für den Haftungsausschluss, der sich nicht in finanziellen Erwägungen erschöpfen darf.
2. Der Ausschluss muss sich vor dem Hintergrund dieses sachlichen Grundes als verhältnismäßig erweisen.
3. Der Ausschluss muss durch ein formelles Bundes- oder Landesgesetz erfolgen. Gemeindliche Satzungen sind also nicht ausreichend.
4. Der Ausschluss darf nicht den Kern der Staatshaftung berühren.

Diese Grundsätze gelten im Übrigen auch für eine **Haftungsbeschränkung**, wenn also etwa eine Haftung lediglich für fahrlässiges Verhalten ausgeschlossen wird. Entsprechende Regelungen finden sich nicht selten in gemeindlichen Satzungen, sind für die Prüfung eines Amtshaftungsanspruchs aber aus diesem Grund unbeachtlich. Etwas anderes gilt hingegen für die Haftung aus öffentlich-rechtlichem

---

[146] Siehe *Detterbeck/Windthorst/Sproll*, Staatshaftungsrecht, § 10 Rn 33.

Schuldverhältnis. Insoweit kommt eine Haftungsbeschränkung auch durch Satzung in Betracht.

Hinweis: Im Rahmen einer Klausurbearbeitung sollte ein möglicher allgemeiner Haftungsausschluss an den Anfang der Prüfung gestellt werden. Denn Ausführungen zur Amtspflichtverletzung erübrigen sich zwangsläufig, wenn der Haftungsausschluss wirksam sein sollte. Hier erfolgt die Darstellung insofern „dogmatisch" (und nicht klausurtaktisch) gemeinsam mit anderen besonderen Haftungsausschlüssen.

b) Spruchrichterprivileg

Sofern ein Beamter bei dem Urteil in einer Rechtssache eine Amtspflicht verletzen sollte, so kommt ein Amtshaftungsanspruch nach **§ 839 Abs. 2 S. 1 BGB** nur dann in Betracht, wenn die Amtspflichtverletzung zugleich eine Straftat darstellt. Die einzigen Straftaten, die in diesem Zusammenhang in Betracht kommen, sind dabei Rechtsbeugung nach § 339 StGB sowie Richterbestechlichkeit nach § 332 Abs. 2 StGB. Beide Straftaten setzen vorsätzliches Handeln voraus. Auf ein fahrlässiges falsches Urteil kann damit ein Amtshaftungsanspruch nicht gestützt werden. Man spricht hier vom sog. „**Spruchrichterprivileg**".[147] Der primäre Sinn dieser Regelung ist in der **Sicherung der Rechtskraft** gerichtlicher Entscheidungen zu sehen.[148] Diese Rechtskraft würde in Frage gestellt, wenn jeder, der einen Prozess verliert, sogleich einen Amtshaftungsprozess anstreben könnte. In einem solchen Prozess müsste nämlich auch der ursprüngliche Rechtsstreit erneut aufgerollt werden. Dem Ziel der Rechtsprechung – Herbeiführung einer endgültigen Entscheidung und Rechtssicherheit – würde dies jedoch zuwiderlaufen.[149]

Aus diesem Grund erstreckt sich das Privileg des § 839 Abs. S. 1 BGB auf **sämtliche gerichtliche Entscheidungen, die**

---

[147] Privilegiert werden genau genommen jedoch nicht die Spruchrichter, sondern deren Urteile, also deren „Rechtssprüche". Mit *Detterbeck/Windthorst/Sproll*, Staatshaftungsrecht, § 10 Rn 39 sollte daher besser von Richterspruchprivileg gesprochen werden.

[148] *Maurer*, Allgemeines Verwaltungsrecht, § 26 Rn 49.

[149] *Maurer*, Allgemeines Verwaltungsrecht, § 26 Rn 50.

der Rechtskraft fähig sind.[150] Demgegenüber findet sie konsequenterweise keine Anwendung, sofern es sich um gerichtliche Entscheidungen handelt, die nicht in Rechtskraft erwachsen. In diesen Fällen bleibt es also bei der üblichen Amtshaftung auch für fahrlässiges Fehlverhalten.

Beispiel: Ein Richter erlässt fahrlässig einen Haftbefehl, obwohl die Voraussetzungen des § 112 StPO nicht vorliegen. Eine solche Entscheidung erwächst nicht in Rechtskraft wie ein Urteil. Aus diesem Grund kann der Geschädigte hier einen Amtshaftungsanspruch geltend machen. Der BGH sieht dies teilweise anders und leitet aus der verfassungsrechtlich garantierten Unabhängigkeit der Judikative eine Haftungsbeschränkung auf Vorsatz und grobe Fahrlässigkeit ab.[151] Diese Ansicht stößt jedoch in der Literatur zu Recht auf Ablehnung.[152]

In Fällen mit **europarechtlichem Bezug** ist zudem zu beachten, dass § 839 Abs. 2 S. 1 BGB nur modifiziert Anwendung finden kann, s.u.

Hinweis: Das Spruchrichterprivileg gilt nach § 839 Abs. 2 S. 2 BGB nicht für eine pflichtwidrige Verweigerung oder Verzögerung der Ausübung des Amtes (etwa überlanger Verfahrensdauer). Insoweit kommt also ein Amtshaftungsanspruch weiterhin in Betracht. In diesen Fällen besteht nunmehr zudem ein verschuldungsunabhängiger Entschädigungsanspruch nach **§§ 198 ff. GVG**. Beide Ansprüche sind nebeneinander anwendbar. Zur Frage, wann eine unangemessene Verfahrensdauer vorliegt siehe § 198 Abs. 1 S. 2 GVG. Auf diese gesetzliche Wertung kann auch im Rahmen der Prüfung eines Anspruchs aus Amtshaftung zurückgegriffen werden.

c) Versäumen von Rechtsmitteln

Ein Amtshaftungsanspruch besteht nach § 839 Abs. 3 BGB dann nicht, wenn es der Geschädigte schuldhaft unterlassen hat, den Schaden durch Gebrauch eines Rechtsmittels abzuwenden.[153]

Der Sinn dieser Regelung lag früher sicherlich in einer weiteren Entlastung des privat haftenden Beamten. Mittlerweile wird in dieser Norm eine besondere Ausprägung des allgemeinen Grundsatzes gesehen, wonach der Primärrechtsschutz dem Sekundärrechtsschutz grds. vorgeht.[154]

---

[150] BGHZ 155, 306.
[151] BGHZ 155, 306.
[152] Siehe *Maurer*, Allgemeines Verwaltungsrecht, § 26 Rn 50; *Detterbeck*, Allgemeines Verwaltungsrecht Rn 1088.
[153] Dazu *Sprau*, in: Palandt, § 839 Rn 68 ff.
[154] *Detterbeck/Windthorst/Sproll*, Staatshaftungsrecht, § 10 Rn 49.

Maurer sieht darin zudem eine Konkretisierung der Regelung des § 254 BGB, also des Mitverschuldens.[155]

Der **Begriff des Rechtsmittels** ist in diesem Zusammenhang weit zu verstehen. Danach umfasst dieser alle Rechtsbehelfe, die sich unmittelbar gegen die Amtspflichtverletzung richten und sowohl deren Beseitigung oder Berichtigung als auch die Abwendung des Schadens zum Ziel haben und auch herbeizuführen in der Lage sind.[156] In Betracht kommen damit sowohl **förmliche** (z.B. Widerspruch, Anfechtungsklage) **wie auch nicht-förmliche** (z.B. Dienstaufsichtsbeschwerde) **Rechtsbehelfe.**

Allerdings ist die Ausdehnung auch auf nicht-förmliche Rechtsbehelfe nicht unumstritten, da diese regelmäßig nur eine sehr geringe Erfolgsaussicht aufweisen und insgesamt rechtlich nur schwer zu handhaben sind.[157] Genau zu prüfen ist hier in jedem Falle die Kausalität zwischen Nichteinlegung eines solchen nicht-förmlichen Rechtsbehelfs und dem Eintritt des Schadens (siehe sogleich).

Da sich der jeweilige Rechtsbehelf unmittelbar gegen die Amtspflichtverletzung wenden muss, stellt der **Folgenbeseitigungsanspruch** kein Rechtsmittel im Sinne des § 839 Abs. 3 BGB dar.[158] Dieser wendet sich nämlich nicht gegen den Eingriff selbst, sondern gegen die Eingriffsfolgen und verpflichtet zu deren Beseitigung nachdem diese bereits eingetreten sind.[159]

Auch die Verfassungsbeschwerde kann als außerordentlicher Rechtsbehelf nicht als ein solches Rechtsmittel angesehen werden.[160]

Die Nichteinlegung des Rechtsmittels muss auch **kausal** für den anschließenden Schadenseintritt gewesen sein. Anders ausgedrückt: Es muss nachgewiesen werden können (und zwar vom Staat, der sich auf dieses Regelung beruft), dass

---

[155] *Maurer*, Allgemeines Verwaltungsrecht, § 26 Rn 32.
[156] BGHZ 28, 104.
[157] *Detterbeck/Windthorst/Sproll*, Staatshaftungsrecht, § 10 Rn 63. Nach einem beliebten Sprichwort sind die nicht-förmlichen Rechtsbehelfe allerdings „formlos, fristlos, fruchtlos".
[158] Siehe zu diesem noch unten unter F.
[159] *Detterbeck/Windthorst/Sproll*, Staatshaftungsrecht, § 10 Rn 58.
[160] *Baldus/Grzeszick/Wienhues*, Staatshaftungsrecht Rn 141.

die Einlegung des Rechtsmittels den Schaden hätte abwenden können. Wenn der Schaden nur teilweise abgewendet worden wäre, entfällt der Amtshaftungsanspruch auch nur in dieser Höhe.[161] Probleme kann diese Feststellung vor allem dann bereiten, wenn es im konkreten Fall um nicht-förmliche Rechtsbehelfe geht. Darüber hinaus muss die Einlegung des Rechtsmittels für den Einzelnen auch **zumutbar** gewesen sein.[162]

Achtung: Sofern die Nichteinlegung tatsächlich kausal für den entstandenen Schaden war, entfällt der Amtshaftungsanspruch vollständig. Auf die Schwere des staatlichen Fehlverhaltens kommt es also nicht an. Ein Anspruch kommt also auch dann nicht in Betracht, wenn das staatliche Fehlverhalten als besonders schwerwiegend einzustufen ist, sofern die Einlegung eines Rechtsmittels auch nur leicht fahrlässig unterblieben ist.

Zuletzt muss die Nichteinlegung des Rechtsmittels auch **schuldhaft**, also zumindest fahrlässig erfolgt sein. Zu beachten ist hier Folgendes: Für ein schuldhaftes Verhalten seitens des Geschädigten müssen gewisse Anhaltspunkte dafür bestehen, dass das Verhalten des Beamten möglicherweise amtspflichtwidrig war. Grds. ist es nicht zu beanstanden, wenn sich der Geschädigte diesbezüglich auf Aussagen und Erklärungen eines Beamten verlässt.[163] Die Auslegung des § 839 Abs. 3 BGB sollte jedenfalls nicht dazu führen, dass jedermann nunmehr gegen alles Mögliche Rechtsbehelfe einlegt, um sich auf diese Weise zumindest die Option eines Amtshaftungsanspruchs offen zu halten.

Ein mögliches Verschulden eines Rechtsanwalts wird dem Einzelnen im Übrigen nach § 278 BGB zugerechnet.

7. Mitverschulden

Die Regelung zum Mitverschulden (§ 254 BGB) findet auch im Rahmen des Amtshaftungsanspruchs Anwendung. § 254 BGB eröffnet die Möglichkeit einer einzelfallgerechten Scha-

---

[161] *Maurer*, Allgemeines Verwaltungsrecht, § 26 Rn 32.
[162] Vgl. BGH NJW 2011, 2586, Rn 33.
[163] BGHZ 130, 332.

densteilung und vermeidet auf diese Weise regelmäßig unangebrachte „Schwarz-Weiß-Lösungen". Ist der Mitverschuldensanteil allerdings sehr gering, ist es denkbar, den Schaden gleichwohl vollständig dem eigentlichen Schädiger (dem Staat) aufzulegen. Andererseits kann bei einem sehr großen Mitverschuldensanteil der Amtshaftungsanspruch ausnahmsweise auch gänzlich entfallen. Letztlich handelt es sich um eine Wertungsfrage, bei deren Beantwortung alle Aspekte des jeweiligen Einzelfalls zu berücksichtigen sind.

Bei der Prüfung des Mitverschuldens gelten grds. die **allgemeinen zivilrechtlichen Grundsätze.** Der Einzelne muss folglich alle zumutbaren Schritte unternehmen, um den Eintritt des Schadens zu verhindern oder zumindest dafür Sorge tragen, dass der eingetretene Schaden möglichst gering ausfällt.

Hier zeigt sich auch, dass die Regelung des § 839 Abs. 3 BGB letztlich eine besondere Ausprägung des Rechtsgedankens des § 254 BGB darstellt.

Besonders klausurrelevant ist hier die Frage des Mitverschuldens in den Fällen der sog. **Drittanfechtung.** Dazu ein

Beispiel: B erhält von der zuständigen Behörde eine Baugenehmigung. Nachbar N ist mit dieser jedoch überhaupt nicht einverstanden und legt aus diesem Grund Widerspruch ein. Nachdem dieser zurückgewiesen wurde, klagt N vor dem zuständigen Verwaltungsgericht. Die Klage hat letztlich Erfolg. B hatte während des Verfahrens jedoch bereits mit den Baumaßnahmen begonnen. Er verlangt nunmehr Schadensersatz von der Baubehörde, da er das Gebäude nun nicht mehr zu Ende bauen kann.

Anders als im Regelfall haben weder Widerspruch noch die anschließende Anfechtungsklage im Baurecht aufschiebende Wirkung (§ 212a BauGB). Rechtlich war B insofern nicht daran gehindert, das Bauvorhaben auch während des gerichtlichen Verfahrens bis zu einer Endentscheidung zunächst durchzuführen. Es stellt sich jedoch die Frage, ob dem B in einem solchen Fall ein **Mitverschulden** zur Last fällt, da er ja von dem Verfahren Kenntnis hat und von daher auch mit einer Aufhebung der Baugenehmigung jederzeit rechnen musste. Ein solches Mitverschulden wird man jedoch im Ergebnis nur dann annehmen können, wenn im Rahmen des Prozesses Gründe für die Rechtswidrigkeit der Baugenehmigung vorgebracht werden, die zumindest nicht offensichtlich von der Hand zu weisen sind.[164] In einem solchen Fall kann der B also zwar weiterbauen, muss sich jedoch darüber im Klaren sein, dass er dann auch das Schadensrisiko im Falle einer Nichtigerklärung der Baugenehmigung trägt. Siehe dazu auch BGH, Urteil vom 24.04.2008, III ZR 252/06, NVwZ 2008, 926.

Dieses Schadensrisiko besteht unter Umständen auch dann weiter, wenn das Gericht im Rahmen des **einstweiligen Rechtsschutzes** die Anordnung der aufschiebenden Wirkung nach § 80 Abs. 5 VwGO ablehnen sollte. Eine solche Entscheidung des Gerichts bedeutet mithin nicht zwingend, dass ein Mitverschulden des Bauherrn hinsichtlich des Schadens überhaupt nicht mehr in Betracht kommt, wenn es im Hauptverfahren zu einer Nichtigerklärung der Baugenehmigung kommen sollte. Maßgeblich sind vielmehr auch hier wiederum die konkreten Gründe, die das Gericht zu der Ablehnung der Anordnung bewogen haben.

Ist das Gericht also ausführlich auf die Erfolgsaussichten in der Hauptsache eingegangen, so wird man ein Mitverschulden des Bauherrn regelmäßig ablehnen müssen. Beruht die Entscheidung hingegen mehr auf einer allgemeinen Interessenabwägung, ohne die Erfolgsaussichten in der Hauptsache näher zu thematisieren, kommt auch ein Mitverschulden des Bauherrn weiterhin nach den allgemeinen Regeln in Betracht.

III. Art und Umfang des Schadensersatzes

Die Art und der Umfang des zu leistenden Schadensersatzes richten sich im Prinzip nach den **allgemeinen Regeln** (§§ 249 ff. BGB). Allerdings wirkt sich die geschichtlich begründete Haftungsüberleitung dergestalt aus, dass im Rahmen eines Amtshaftungsprozesses allein ein Schadensausgleich in Geld in Betracht kommt. Demgegenüber kann die Vornahme einer Amtshandlung, die im Wege der Naturalrestitution ebenfalls zur Beseitigung des Schadens führen würde (etwa Erlass eines Verwaltungsakts oder Widerruf einer in öffentlicher Funktion getätigten Äußerung) nicht verlangt werden. Begründet wird dies mit folgender Überlegung: Im Rahmen der Amtshaftung wird die zunächst

---

[164] *Baldus/Grzeszick/Wienhues*, Staatshaftungsrecht Rn 147.

bestehende private Haftung des Beamten auf den Staat übergeleitet. **Der Staat kann demnach nur so haften, wie dies zunächst auch der („private") Beamte getan hätte.** Dieser wäre in seiner Funktion als Privatmann jedoch nicht befugt gewesen, entsprechende Amtshandlungen vorzunehmen.[165] Hoheitliche Handlungen können in der Konsequenz mit dem Amtshaftungsanspruch nicht verfolgt werden.

Auch hierin zeigt sich, dass die Überleitungskonstruktion heute nicht mehr zeitgemäß ist. Mit der schlichten Vornahme einer hoheitlichen Handlung wäre dem Geschädigten nicht selten sehr viel besser geholfen.

Im Übrigen gelten jedoch keine Besonderheiten, ersetzt werden demnach alle unmittelbaren und mittelbaren Schäden, die vom sachlichen Schutzzweck der betroffenen Amtspflicht umfasst sind. Der Geschädigte ist so zu stellen, wie er ohne das schädigende Ereignis heute stünde. Dazu kann neben entgangenem Gewinn auch ein Schmerzensgeld nach § 253 Abs. 2 BGB gehören.

IV. Anspruchsgegner

Der Staat setzt sich aus einer Vielzahl unterschiedlicher Rechtssubjekte zusammen. Auch der Amtshaftungsanspruch richtet sich daher nicht gegen den Staat als solchen, sondern gegen einzelne dieser Rechtssubjekte. Zu ermitteln ist im Rahmen einer Klausurbearbeitung an dieser Stelle mithin das **konkrete Haftungssubjekt**, welcher „Teil" des Staates also tatsächlich haftet. Als Haftungssubjekt in Betracht kommt dabei grundsätzlich jeder (selbstständige) Träger hoheitlicher Gewalt.

Mögliche Haftungssubjekte sind demnach unter anderem: Der Bund, die einzelnen Bundesländer, Gemeinden und Landkreise sowie sonstige selbstständige Körperschaften, Anstalten oder Stiftungen des öffentlichen Rechts. Umfasst sind damit etwa auch selbstständige Berufskammern oder Universitäten.

Im Rahmen einer Beleihung kommt nicht der konkret Beliehene, sondern allein der Hoheitsträger als Haftungssubjekt

---

[165] BGHZ 34, 99.

in Betracht, der die einzelnen Aufgaben an die Privatperson übertragen hat.[166]

Umstritten ist allerdings die Frage, nach welchen Kriterien begangene Amtspflichtverletzungen den möglichen Haftungssubjekten konkret zuzurechnen sind.[167] Nach Art. 34 GG haftet derjenige Verwaltungsträger, in dessen „Dienst" der Amtswalter stand. Im Wesentlichen werden dazu die folgenden **drei Zurechnungstheorien** vertreten:

- **Anstellungstheorie.** Nach dieser Theorie haftet stets das Haftungssubjekt, welches den handelnden Amtswalter eingestellt hat. Die Frage, wessen Aufgaben bei der konkreten Tätigkeit wahrgenommen wurden spielt keine Rolle.
- **Funktionstheorie.** Nach dieser Theorie haftet stets das Haftungssubjekt, dem die konkret wahrgenommene Aufgabe im Außenverhältnis zuzuordnen ist.
- **Anvertrauenstheorie (h.M.).** Nach dieser Ansicht haftet das Haftungssubjekt, welches dem handelnden Amtswalter das Amt, bei dem er fehlerhaft gehandelt hat, anvertraut hat.

Nach der **Funktionstheorie** kommt es etwa im Bereich kommunaler Handlungen darauf an, ob die Amtspflichtverletzung im Bereich des eigenen oder des übertragenen Wirkungskreises begangen wurde. Dadurch sind im Ergebnis Streitigkeiten hinsichtlich des konkreten Charakters der Tätigkeit vorprogrammiert. Demgegenüber ermöglichen sowohl die **Anstellungs-** als auch die **Anvertrauenstheorie** (die beide regelmäßig zu den gleichen Ergebnissen kommen) eine klare und Rechtssicherheit schaffende Zuordnung der Haftung.[168] Die Anvertrauenstheorie ermöglicht darüber hinaus aber auch dann eine Zurechnung, wenn es – wie dies etwa bei Beliehenen der Fall ist – an einer tatsächlichen Anstellung und damit an einem formellen

---

[166] *Detterbeck/Windthorst/Sproll*, Staatshaftungsrecht, § 11 Rn 3.
[167] Dazu auch *Sprau*, in: Palandt, § 839 Rn 25 ff.
[168] *Detterbeck/Windthorst/Sproll*, Staatshaftungsrecht, § 11 Rn 7.

Dienstherrn – mangelt, oder wenn ausnahmsweise einmal zwei Dienstherren vorhanden sein sollten.[169] **Die Anvertrauenstheorie hat sich daher zu Recht durchgesetzt.**

Probleme bereiten noch immer die Konstellationen, in denen ein Gemeinde- oder Kreisorgan gesetzlich auch als untere Behörde der Landesverwaltung tätig werden kann. Das jeweilige Organ hat dann eine gewisse Doppelstellung. Nach der Anstellungstheorie haftet dann stets der Landkreis oder die Gemeinde, da diese den Beamten angestellt haben. Sofern der Beamte als untere Landesbehörde tätig wird, lässt sich mit der Anvertrauenstheorie jedoch durchaus vertreten, dass die jeweilige Aufgabe hier vom Land übertragen oder anvertraut worden ist, so dass dann auch das Land für begangene Amtspflichtverletzungen haften muss.[170]

Hinweis: Im Rahmen einer Klausur genügt es regelmäßig, die Anvertrauenstheorie zu nennen. Die Haftung trifft auch danach in so gut wie allen Fällen die Anstellungskörperschaft.

Die Konstellation, in der ein Amtswalter eine rechtswidrige Weisung ausführt, die ihm von einem Amtswalter eines anderen Hoheitsträgers erteilt wurde, bereitet hinsichtlich des Haftungssubjekts keine Probleme. Denn der die Wiesung ausführende Amtswalter begeht schon keine Amtspflichtverletzung, da er zwar rechtswidrig aber aufgrund der bindenden Weisung nicht amtspflichtwidrig handelt. Es haftet folglich allein die Körperschaft, die dem die Weisung erteilenden Amtswalter dessen Aufgaben anvertraut hat. Dies wird aber regelmäßig dessen Anstellungskörperschaft sein.

V. Verjährung

Für die Verjährung des Amtshaftungsanspruchs gelten keine Besonderheiten. Es gelten demnach die **§§ 194 ff. BGB**. Erforderlich für den Verjährungsbeginn ist also, dass der

---

[169] Beispiel bei *Detterbeck*, Allgemeines Verwaltungsrecht Rn 1097.
[170] Siehe dazu *Maurer*, Allgemeines Verwaltungsrecht, § 26 Rn 42 sowie *Detterbeck*, Allgemeines Verwaltungsrecht Rn 1097.

Geschädigte Kenntnis von den den Anspruch begründenden Umständen und der Person des Schuldners erlangt hat oder ohne grobe Fahrlässigkeit hätte erlangen müssen (§ 199 BGB).

Achtung: Im Falle fahrlässiger Amtspflichtverletzungen sind diese Voraussetzungen erst dann erfüllt, wenn der Geschädigte auch davon Kenntnis hat, dass er keine anderweitige Ersatzmöglichkeit im Sinne des § 839 Abs. 1 S. 2 BGB hat.

Die Verjährung beginnt dann am Ende des Jahres, in dem diese Voraussetzungen erfüllt sind. Die regelmäßige Verjährungsfrist beträgt drei Jahre (§ 195 BGB). Sofern die Amtspflichtverletzung auf einer Verletzung des Lebens, des Körpers, der Gesundheit oder der Freiheit beruht, gilt § 199 Abs. 2 BGB. Absolute Verjährungsfristen finden sich in § 199 Abs. 3 BGB.

VI. Rechtsweg

Nach **Art. 34 S. 3 GG** sind Amtshaftungsansprüche im **ordentlichen Rechtsweg** geltend zu machen. Die sachliche Zuständigkeit liegt nach § 71 Abs. 2 Nr. 2 GVG beim Landgericht, ohne dass es auf den Streitwert ankäme.

Achtung: Wegen der Regelung des Art. 34 S. 3 GG darf ein Verwaltungsgericht auch dann nicht über einen Amtshaftungsanspruch entscheiden, wenn der Kläger zugleich einen Folgenbeseitigungsanspruch geltend macht. Eine Entscheidung „unter allen in Betracht kommenden rechtlichen Gesichtspunkten" nach § 17 Abs. 2 S. 1 GVG kommt also nicht in Betracht. Dies wird durch § 17 Abs. 2 GVG noch einmal klargestellt. Sofern der Kläger also beide Ansprüche gleichzeitig geltend machen will, muss er insgesamt vor dem Landgericht klagen, welches seinerseits dann wegen der Regelung des § 17 Abs. 2 S. 1 GVG auch über den Folgenbeseitigungsanspruch entscheidet.

VII. Konkurrenzen

Soweit ein Amtshaftungsanspruch besteht scheiden deliktische Ansprüche gegen den handelnden Beamten grds.

70

aus.[171] Das gilt auch für andere verschuldensabhängige Ansprüche wie die Fahrerhaftung nach § 18 StVG. Ansprüche aus **Gefährdungshaftung** (wichtigster Fall § 7 StVG) stehen hingegen in Realkonkurrenz zu Ansprüchen aus Amtshaftung. Gleiches gilt für Ansprüche aus enteignungsgleichem Eingriff, aus Aufopferung, aus verwaltungsrechtlichem Schuldverhältnis oder aus polizeirechtlichen Anspruchsgrundlagen.[172]

---

[171] BGH, Urteil vom 9.10.2014, III ZR 68/14: „In seinem Anwendungsbereich verdrängt § 839 als vorrangige Spezialregelung konkurrierende Ansprüche aus §§ 823 ff. BGB."
[172] Siehe *Detterbeck*, Allgemeines Verwaltungsrecht, Rn 1101.

Prüfungsschema zum Amtshaftungsanspruch

1. Jemand
Es muss ein **Beamter im haftungsrechtlichen Sinne** gehandelt haben. Maßgeblich ist allein der öffentlich-rechtliche Charakter der ausgeübten Tätigkeit. Bedient sich der Staat der Hilfe Privater (etwa Abschleppunternehmen) so bleibt die Tätigkeit jedenfalls im Bereich der Eingriffsverwaltung öffentlich-rechtlich.

2. In Ausübung eines öffentlichen Amtes
Zwischen der Tätigkeit und der Schädigungshandlung muss ein innerer und äußerer Zusammenhang bestehen. Die Schädigung darf **nicht nur bei Gelegenheit** geschehen sein. Ansonsten handelt es sich um privatrechtliches Handeln.

3. Verletzung einer Amtspflicht
Es muss eine Amtspflicht, also eine gegenüber dem Dienstherrn bestehende Pflicht verletzt worden sein. Von besonderer Bedeutung ist die Amtspflicht zu rechtmäßigem Verhalten.

4. Drittgerichtetheit der Amtspflicht
Die verletzte Amtspflicht muss **Drittschutz** entfalten, also zumindest auch im Interesse des Geschädigten bestehen. Dies setzt voraus, dass die Amtspflicht generell Drittschutz entfaltet, dass der Geschädigte zum geschützten Personenkreis zählt und das beeinträchtigte Interesse von der Drittwirkung umfasst ist. Nach überwiegender Ansicht besteht kein Drittschutz im Fall sog. **legislativen Unrechts**.

5. Verschulden
Die Amtspflichtverletzung muss schuldhaft erfolgt sein. Abzustellen ist auf den typischen Durchschnittsbeamten (**objektiver Verschuldensmaßstab**). Im Falle des Organisationsverschuldens kommt eine Beweislastumkehr in Betracht. Zu beachten ist unter Umständen die sog. Kollegialgerichtsrichtlinie. Haftungsbeschränkungen auf große Fahrlässigkeit und Vorsatz bedürfen eines formellen Gesetzes.

6. Kausaler Schaden

7. Keine anderweitige Ersatzmöglichkeit
Der Geschädigte darf keine anderweitige Ersatzmöglichkeit haben, § 839 I 2 BGB. Diese Norm ist sehr **restriktiv** zu interpretieren. Keine Anwendung daher bei Versicherungsleistungen, die auf Leistungen des Geschädigten beruhen, Ansprüchen gegen andere Hoheitsträger sowie bei Schädigungen im Straßenverkehr.

8. Kein Haftungsausschluss
Zu beachten sind neben einem denkbaren allgemeinen Haftungsausschluss das Spruchrichterprivileg (§ 839 Abs. 2 BGB) und das schuldhafte Nichtergreifen von Rechtsmitteln (§ 839 Abs. 3 BGB).

9.   Mitverschulden
Dieses richtet sich nach § 254 BGB.

10.   Art und Umfang des Schadensersatzes
Art und Umfang des Schadensersatzes richten sich nach den allgemeinen regeln der §§ 249 ff. BGB. **Naturalrestitution ist jedoch nicht möglich**, daher regelmäßig Geldersatz sowie Schmerzensgeld.

11.   Anspruchsgegner
Nach überwiegender Ansicht haftet die Behörde, die dem handelnden Amtsträger das jeweilige Amt **anvertraut** hat. Dies ist regelmäßig die Anstellungskörperschaft.

12.   Verjährung
Diese folgt den allgemeinen Regeln (§§ 194 ff. BGB).

13.   Rechtsweg
Zivilrechtsweg nach Art. 34 S. 3 GG, § 40 Abs. 2 VwGO.

Literaturhinweise zum Amtshaftungsanspruch

- *Detterbeck*, Drittgerichtete Amtspflichten einer verwaltungsintern beauftragten Behörde eines and. Rechtsträgers, JuS 2002, 127
- *Diederichsen*, Zoff um eine Zusage, JuS 2006, 60
- *Durner*, Grundfälle zum Staatshaftungsrecht, JuS 2005, 793
- *Ernst*, Das teure Naturdenkmal, JA 2006, 38
- *Greim/Michl*, Grundfälle zur Staatshaftung im Baurecht, Jura 2012, 373
- *Hoppe,* Die Notwendigkeit der Rechtsmittelerschöpfung als Voraussetzung der Amtshaftung, JA 2011, 167
- *Itzel,* Neuere Entwicklungen im Amts- und Staatshaftungsrecht, MDR 2010, 426; MDR 2011, 517; MDR 2012, 564
- *Meinert/Strauß*, Amtshaftung der Bundeswehr für Rechtsverletzungen im Rahmen von UN-Friedensmissionen, Jura 2011, 321
- *Papier/Dengler*, Die misslungene Fahrzeugbergung, Jura 1995, 38
- *Petersen*, Die Haftung des Staates für das Handeln Privater, Jura 2006, 411
- *Remmert,* Das Arzthaftungsrecht anhand der verschiedenen Behandlungsfehlertypen, Jura 2011, 563
- *Rietzler, Weinbuch*, Ersetzung des Einvernehmens, Jura 2012, 973
- *Schröer/Kullick*, Zur Amtshaftung bei Ersetzung des gemeindlichen Einvernehmens, NZBau 2012, 31
- *Thiele*, Probleme mit dem Zivi..., JuS 2006, 534
- *Wittreck/Wagner*, Jura 2013, 1213 ff.

B. Die Haftung aus einem öffentlich-rechtlichem Schuldverhältnis

I. Überblick und Rechtsgrundlage

Treten zwei oder mehr Privatpersonen in einen geschäftlichen Kontakt zueinander, so begründet dieser Kontakt ein **Näheverhältnis**, aus dem sich besondere Rechte und Pflichten ergeben. Die beteiligten Personen haften für begangene Pflichtverletzungen dann nicht mehr allein nach den allgemeinen Regelungen des Deliktsrechts, sondern auch nach den für solche Schuldverhältnisse maßgeblichen Bestimmungen der §§ 280 ff. BGB. Solche über den normalen Kontakt hinausgehenden Näheverhältnisse können jedoch nicht nur zwischen Privatpersonen, sondern auch **zwischen Privatpersonen und Hoheitsträgern** auftreten.

Beispiel: Der Bürger einer Gemeinde benutzt das kommunale Schwimmbad; ein Bürger wird an das kommunale Abwassersystem angeschlossen; ein Landwirt bringt einige seiner Tiere zu einem kommunalen Schlachthof.

Auch in diesen Fällen handelt es sich letztlich um schuldrechtliche oder zumindest um schuldrechtsähnliche Fälle, durch die **besondere Rechte aber auch Pflichten der einzelnen Beteiligten** begründet werden. Eine spezielle öffentlich-rechtliche Regelung für diese Schuldverhältnisse – vor allem im Falle von Pflichtverletzungen – findet sich jedoch nur sehr vereinzelt. Aufgrund des besonderen Näheverhältnisses werden jedoch die allgemeinen Haftungsinstitute[173] – wie insbesondere der Amtshaftungsanspruch – als unzureichend angesehen.[174] Insofern ist die Situation nicht anders als im allgemeinen Zivilrecht, wo das allgemeine Deliktsrecht ebenfalls gegenüber den besonderen schuldrechtlichen Regelungen gewisse Defizite aufweist.[175]

---

[173] Diese sind natürlich auch auf diese Fälle im Grundsatz anwendbar.
[174] Siehe *Detterbeck/Windthorst/Sproll*, Staatshaftungsrecht, § 19 Rn 5.
[175] Insbesondere wird das Verschulden – anders als im Rahmen des § 839 BGB – nach § 280 BGB vermutet.

Aus diesem Grund ist es mittlerweile anerkannt, dass in solchen Situationen jedenfalls hinsichtlich der Haftung der beteiligten Personen **auf die allgemeinen Regelungen des Zivilrechts zurückgegriffen werden kann.** Die Haftung richtet sich damit folglich auch hier nach §§ 280 ff. BGB (analog). Die in **§ 62 S. 2 VwVfG** normierte Verweisung auf die zivilrechtlichen Regelungen für den öffentlich-rechtlichen Vertrag stellt sich damit im Ergebnis lediglich als eine ausdrückliche Normierung eines allgemeinen Grundsatzes dar.

Anwendbar sind im Falle eines öffentlich-rechtlichen Schuldverhältnisses damit vor allem die folgenden Regelungen des BGB:[176]

- **§§ 280 ff. BGB.** Hier finden sich die zentralen Anspruchsgrundlagen im Falle einer Pflichtverletzung durch eine der am Schuldverhältnis beteiligten Personen. Der Begriff der Pflichtverletzung erfasst, wie im Zivilrecht, sowohl die Verletzung von Haupt- als auch die Verletzung von Nebenpflichten. Möglich ist zudem die Verletzung vorvertraglicher Pflichten (sog. Culpa in Contrahendo), vgl. § 311 BGB. Das notwendige Verschulden wird – anders als bei § 839 BGB – grundsätzlich vermutet.

- **§ 275 BGB.** Anwendbar sind auch die Regelungen über die Haftung im Falle der Unmöglichkeit einer Leistung. Möglich ist also eine objektive (§ 275 Abs. 1 BGB) oder faktische (§ 275 Abs. 2 BGB) Unmöglichkeit, sowie eine solche aufgrund persönlicher Unzumutbarkeit (§ 275 Abs. 3 BGB).

- **§ 276 BGB.** Für die Frage des (grds. vermuteten) Verschuldens gelten die Regelungen des § 276 BGB. Zu beachten sind in diesem Zusammenhang jedoch mögliche Haftungsausschlüsse für fahrlässiges Fehlverhalten. Solche Haftungsausschlüsse können prinzipiell – und damit anders als im Rahmen

---

[176] Siehe dazu auch *Detterbeck*, Allgemeines Verwaltungsrecht Rn 1267 sowie *Detterbeck/Windthorst/Sproll*, Staatshaftungsrecht, § 20.

des Amtshaftungsanspruchs – auch durch gemeindliche Satzung begründet werden.

- **§ 278 BGB.** Es handelt sich beim öffentlich-rechtlichen Schuldverhältnis um ein besonderes Näheverhältnis im Sinne des § 278 BGB. Die beteiligten Personen müssen sich folglich ein Verschulden ihrer Erfüllungsgehilfen zurechnen lassen. Vor allem der Staat bedient sich zur Erfüllung seiner Aufgaben einer Vielzahl an Bediensteten, die insoweit unter § 278 BGB fallen.

- **§§ 249 ff. BGB.** Die Art und der Umfang des zu leistenden Schadensersatzes richten sich nach den § 249 ff. BGB. Dabei ist vor allem auch an die Regelung des Mitverschuldens in **§ 254 BGB** zu denken, die zu einer Anspruchskürzung und in Extremfällen sogar zu einem Anspruchsausschluss führen kann.

- **§§ 194 ff. BGB.** Auch die Verjährung richtet sich nach den allgemeinen zivilrechtlichen Regelungen.

Ein **öffentlich-rechtliches Schuldverhältnis** ist in Anlehnung an die zivilrechtliche Definition immer dann anzunehmen, wenn es sich um eine von öffentlich-rechtlichen Normen geprägte Rechtsbeziehung zwischen zwei oder mehr Personen handelt, aufgrund derer die eine Person von der anderen Person berechtigt ist, eine Leistung zu fordern und aus der darüber hinaus regelmäßig weitere Nebenpflichten der Beteiligten (etwa besondere Sorgfaltspflichten) resultieren.[177]

Mittlerweile haben sich bestimmte **Fallgruppen** entwickelt, in denen ein öffentlich-rechtliches Schuldverhältnis allgemein angenommen wird, ohne dass dadurch der Anspruch erhoben werden würde, alle denkbaren Konstellationen zu erfassen. Ein solches Schuldverhältnis kann also auch dann vorliegen, wenn sich die Situation keine der nunmehr darzu-

---

[177] *Detterbeck/Windthorst/Sproll*, Staatshaftungsrecht, § 19 Rn 24.

stellenden anerkannten Fallgruppen zuordnen lässt. In einer Klausur wird es aber regelmäßig um eine dieser folgenden Konstellationen gehen.

> **Beachte**: Das allgemeine, zwischen dem Staat und dem Bürger bestehende Rechtsverhältnis begründet kein öffentlich-rechtliches Schuldverhältnis. Ein solches entsteht auch dann noch nicht, wenn der Bürger den Antrag auf den Erlass eines Verwaltungsaktes (etwa einer Baugenehmigung) stellt.[178]

II. Anerkannte Fallgruppen

1. Öffentlich-rechtliche Verwahrung

Die **öffentlich-rechtliche Verwahrung** begründet ein öffentlich-rechtliches Schuldverhältnis auf welches die zivilrechtlichen Haftungsregelungen der **§§ 688 ff. BGB analog** anwendbar sind.[179] Eine öffentlich-rechtliche Verwahrung liegt dann vor, wenn eine Sache durch einen Hoheitsträger aufgrund öffentlich-rechtlicher Regelungen in Besitz genommen wird. Erforderlich ist darüber hinaus, dass der Berechtigte durch die hoheitliche Inbesitznahme von eigenen Fürsorge- und Obhutspflichten vollständig ausgeschlossen wird. Möglich ist eine solche Inbesitznahme dabei sowohl durch Verwaltungsakt, Realakt oder aber durch einen öffentlich-rechtlichen Vertrag. Im letzteren Fall sind indes die §§ 54 ff. VwVfG vorrangig zu beachten.[180] Diese Fürsorge- und Obhutspflichten (insbesondere für den Erhalt der Sache) gehen in einem solchen Fall quasi auf den nunmehr besitzenden Hoheitsträger über. Sofern dieser entsprechende Pflichten schuldhaft verletzt, hat der Einzelne Schadensersatzansprüche nach Maßgabe der §§ 688 ff. BGB iVm §§ 280 ff. BGB. Öffentlich-rechtliche Verwahrungsverhältnisse liegen z.B. in den folgenden Fällen vor:

---

[178] Siehe *Detterbeck*, Allgemeines Verwaltungsrecht Rn 1272.
[179] So *Detterbeck*, Allgemeines Verwaltungsrecht Rn 1278.
[180] *Detterbeck/Windthorst/Sproll*, Staatshaftungsrecht, § 21 Rn 3.

- **Polizeirechtliche Sicherstellung** und anschließende Verwahrung nach den einschlägigen Polizeigesetzen. Die zivilrechtlichen Regelungen finden jedoch nur insoweit Anwendung als die Polizeigesetze nicht eigene und damit vorrangige Regelungen enthalten.
- **Abschleppen eines falsch geparkten PKW** – ebenfalls nach Polizeirecht – und anschließende Verwahrung auf einem abgeschlossenen Polizeiparkplatz. **Achtung**: Sofern der PKW lediglich auf einen freien Parkplatz in der Nähe umgestellt wird, liegt regelmäßig keine Verwahrung vor, da der Berechtigte von eigenen Fürsorgepflichten nicht ausgeschlossen wird.
- **Beschlagnahme von Gegenständen** nach den §§ 94 ff. StPO.[181]
- **Entgegennahme von Fundsachen** durch die zuständigen Behörden.[182]

Achtung: Die in **§ 690 BGB** geregelte Haftungsbeschränkung auf die eigenübliche Sorgfalt (diligentia quam in suis) ist nach zutreffender Auffassung auf den hoheitlichen Verwahrer **nicht anwendbar**. Dies folgt aus der besonderen Rechtsbindung der Verwaltung. Im Übrigen erfolgt die Begründung des Verwahrungsverhältnisses oftmals nicht freiwillig, sondern durch Hoheitsakt. Gerade dann kann und muss aber vom Staat erwartet werden, dass er mit der Sache besonders sorgsam umgeht. Im Ergebnis haftet der Hoheitsträger also grds. auch für leicht fahrlässige Pflichtverletzungen.

2. Inanspruchnahme öffentlicher Einrichtungen und Leistungen

Sofern der Einzelne besondere **öffentliche Einrichtungen benutzt** oder in einem sonstigen Leistungsverhältnis zu

---

[181] BGHZ 1, 369.
[182] BGH NJW 1990, 1230.

einem Hoheitsträger steht, begründet dies ein öffentlich-rechtliches Schuldverhältnis.[183]

In Klausuren und Hausarbeiten geht es in diesem Zusammenhang regelmäßig um die Benutzung kommunaler Einrichtungen durch den Bürger. Diese Einrichtungen werden durch die Gemeinde in der Regel durch Satzung errichtet. Erfasst sind auch die Fälle, in denen die Gemeinde einen Anschluss- und Benutzungszwang für entsprechende Einrichtungen bestimmt. **Beispiele**:

- kommunal betriebene Schwimmbäder;
- kommunal betriebene Schlachthöfe[184];
- kommunal betriebene Museen;
- kommunale Wasserversorgung mit einem Anschluss- und Benutzungszwang.

Der einzelne Bürger tritt durch die Benutzung in ein solches Näheverhältnis zum leistenden Hoheitsträger, welches die analoge Anwendung der §§ 280 ff. BGB rechtfertigt. Aber **Achtung**: Die Haftung aus öffentlich-rechtlichem Schuldverhältnis kommt nur dann in Betracht, wenn die Benutzung auch tatsächlich öffentlich-rechtlich ausgestaltet ist. Nach Maßgabe der sogenannten „Zwei-Stufen-Theorie" hat die Gemeinde in der Regel die Wahl, ob sie die Benutzung solch kommunaler Einrichtungen öffentlich-rechtlich oder privatrechtlich ausgestaltet. Liegt eine privatrechtliche Ausgestaltung vor, sind die bürgerlich-rechtlichen Regelungen unmittelbar heranzuziehen.[185]

Abzugrenzen ist hier nach den allgemeinen Regeln, die für die Abgrenzung des öffentlichen Rechts vom Privatrecht gelten.[186] So spricht die Verwendung des Begriffs „Gebühr" für öffentliches Recht, während der Begriff „Eintritt" eher eine privatrechtliche Ausgestaltung vermuten lässt.

---

[183] Solche Leistungsverhältnisse können dabei durch öffentlich-rechtlichen Vertrag, durch Verwaltungsakt oder aber durch (gemeindliche) Satzung geregelt werden.

[184] BGHZ 61, 7.

[185] *Detterbeck*, Allgemeines Verwaltungsrecht Rn 1270.

[186] Dazu ausführlich *Würtenberger*, Verwaltungsprozessrecht Rn 128 ff.

In Klausuren und Hausarbeiten geht es häufig um die Frage, inwieweit die Gemeinde die Möglichkeit hat, **ihre Haftung durch Satzung auszuschließen** oder zumindest zu beschränken.

Beispiel: In der Satzung über die Errichtung eines kommunalen Schwimmbads wird die Haftung der Gemeinde auf grob fahrlässige und vorsätzliche Pflichtverletzungen beschränkt. B erleidet aufgrund leicht fahrlässigen Verhaltens des Bademeisters einen Schaden. Hat B einen Anspruch gegen die Gemeinde?

Sowohl die Rechtsprechung[187] als auch der Großteil der Literatur[188] halten eine solche Haftungsbeschränkung zumindest im Grundsatz für zulässig. Sie stellen diesbezüglich jedoch gewisse Anforderungen auf, denen eine solche Beschränkung genügen muss:

- Ein Haftungsausschluss für grobe Fahrlässigkeit oder gar vorsätzliches Verhalten ist unter keinen Umständen möglich.
- Es muss eine sachliche Rechtfertigung für die vorgenommene Beschränkung gegeben sein.
- Die Beschränkung muss sowohl erforderlich als auch angemessen erscheinen.
- Die Beschränkung darf nicht im Widerspruch zu der allgemeinen Fürsorgepflicht der Verwaltung stehen.

Regelmäßig kann sich in diesem Zusammenhang an den Maßstäben der **AGB-Kontrolle** nach den §§ 305 ff. BGB orientiert werden.[189]

Hinweis: Hier liegt insoweit ein wichtiger Unterschied zum Amtshaftungsanspruch, wo eine Haftungsbegrenzung nur durch Gesetz erfolgen kann. Bei fahrlässigen Schädigungen kann es also durchaus sein, dass ein Amtshaftungsanspruch besteht, während die Haftung aus öffentlich-rechtlichem Schuldverhältnis wirksam ausgeschlossen ist. In der Praxis ist der Ausschluss der Haftung gleichwohl wichtig: Denn das Verschulden wird nur beim öffentlich-rechtlichen Schuldverhältnis, nicht aber beim Amtshaftungsanspruch vermutet.

---

[187] BGHZ 61, 7.
[188] Siehe nur *Ossenbühl*, Staatshaftungsrecht, S. 358 ff.
[189] *Baldus/Grzeszick/Wienhues*, Staatshaftungsrecht Rn 177.

3. Die öffentlich-rechtliche GoA

Auch die **öffentlich-rechtliche Geschäftsführung ohne Auftrag** begründet ein öffentlich-rechtliches Schuldverhältnis. Kennzeichnend für die GoA ist es, dass jemand (der Geschäftsführer) für einen anderen (den Geschäftsherrn) eine Tätigkeit ausübt, ohne zuvor von diesem dazu beauftragt oder in sonstiger Weise ermächtigt zu sein. Um eine öffentlich-rechtliche GoA handelt es sich dabei nach überwiegender Auffassung dann, wenn die Rechtsnatur der ausgeführten Tätigkeit öffentlich-rechtlich gewesen wäre, sofern sie der Geschäftsherr selbst vorgenommen hätte.[190] Auf diese Fälle sind dann die **§§ 677 ff. BGB analog** anwendbar. Im Grundsatz sind **drei Konstellationen** denkbar:

- Eine Behörde handelt für eine andere Behörde;
- eine Behörde handelt für einen Bürger oder
- ein Bürger handelt für eine Behörde.

Vor einer Anwendung der §§ 677 ff. BGB auf diese Fälle ist jedoch stets zu überprüfen, ob eine solche im Einzelfall auch zulässig ist. Dabei ist von folgenden Überlegungen auszugehen:

- Bestehen **Spezialvorschriften**, so gehen diese vor, sofern sie eine abschließende Regelung darstellen.
- Sofern ein **Hoheitsträger für einen anderen Hoheitsträger** handelt, kommt eine Anwendung der §§ 677 ff. BGB regelmäßig nicht in Betracht. Dies folgt aus der Überlegung, dass die Zuständigkeit von Hoheitsträgern grundsätzlich gesetzlich abschließend geregelt ist. Dadurch ist es prinzipiell ausgeschlossen, dass eine Behörde ohne ausdrückliche gesetzliche Ermächtigung in den Rechtskreis eines anderen Verwaltungsträgers eingreift.[191] Andernfalls würde das im einzelnen geregelte und in der Gewal-

---

[190] *Detterbeck/Windthorst/Sproll*, Staatshaftungsrecht, § 21 Rn 35, dort auch mit einer kurzen Darstellung der anderen Ansichten.
[191] *Maurer*, Allgemeines Verwaltungsrecht, § 29 Rn 11.

tenteilung wurzelnde öffentlich-rechtliche **Zuständig-keitssystem** durch eine quasi allumfassende GoA-Generalklausel unterlaufen. Eine GoA kommt in diesen Fällen daher grds. nur in gesetzlich nicht geregelten absoluten **Notsituationen** in Betracht.[192] Auch eine Kostenerstattung kann daher regelmäßig nicht auf die §§ 677 ff. BGB gestützt werden. Vielmehr ist eine solche nur möglich, wenn sie spezialgesetzlich vorgesehen ist.

- Sofern also etwa die Polizei aufgrund einer gesetzlichen Kompetenz für einen anderen Hoheitsträger tätig wird, kann sie die Kosten jedenfalls nicht nach den §§ 677 ff. BGB analog ersetzt verlangen.

- Auch dann, wenn ein **Hoheitsträger für einen Bürger** handelt, wird ein Rückgriff auf die §§ 677 ff. BGB nur selten in Betracht kommen. Denn auch hier gilt der aus dem Rechtsstaatsprinzip resultierende Grundsatz, wonach die Verwaltung nur dann in den Rechtskreis des Bürgers eingreifen darf, wenn sie dazu gesetzlich ermächtigt worden ist (Vorbehalt des Gesetzes).[193] Damit kommt eine GoA ebenfalls nur in **Notfällen** in Betracht. Insbesondere eine Erstattung der Kosten, die dem handelnden Hoheitsträger entstanden sind, können nicht auf die §§ 677 ff. BGB gestützt werden. Die Zuerkennung solcher Ansprüche würde die gesetzlich geregelte Kostenverteilung unterlaufen. Der **BGH** hat dies in einigen Entscheidungen allerdings anders gesehen und einen Erstattungsanspruch auf die Regelungen über die GoA gestützt.[194] Nach dessen Auffassung nehme der handelnde Verwaltungsträger in diesen Situationen neben seinen gesetzlichen Aufgaben jedenfalls auch Geschäfte des Bürgers wahr. Zwar geht der BGH in

---

[192] *Detterbeck/Windthorst/Sproll*, Staatshaftungsrecht, § 21 Rn 50; *Maurer*, Allgemeines Verwaltungsrecht, § 29 Rn 11. §§ 677 ff. BGB sind in diesem Zusammenhang keine hinreichende Rechtsgrundlage.

[193] *Maurer*, Allgemeines Verwaltungsrecht, § 29 Rn 11.

[194] BGHZ 40, 28; 65, 354; 65, 384.

diesen Fällen regelmäßig von einer privatrechtlichen GoA aus, doch ändert diese Auffassung nichts daran, dass damit die gesetzliche Kostenverteilung unterlaufen wird. **Die Ansicht des BGH ist daher abzulehnen:** Die Verwaltung kann sich nicht privatrechtliche Ansprüche verschaffen, die ihr öffentlichrechtlich vorenthalten sind.[195]

- Eine GoA scheidet auch dann regelmäßig aus, wenn der **Bürger für die Verwaltung** tätig wird. Denn die Wahrnehmung dieser öffentlichen Aufgaben obliegt prinzipiell allein der jeweils zuständigen Verwaltungseinheit. Zudem hat der jeweilige Verwaltungsträger regelmäßig einen gewissen **Ermessensspielraum**, hinsichtlich der Frage, wie er die ihm zugewiesenen Aufgaben erfüllen möchte. Dieses Ermessen darf jedenfalls nicht durch eine Geschäftswahrnehmung durch einen Bürger unterlaufen werden. Eine GoA kommt daher nur dann in Betracht, wenn im konkreten Fall eine Ermessenreduzierung auf Null vorliegt bzw. ein Ermessensspielraum von vornherein nicht gegeben ist.[196] Unter keinen Umständen darf die GoA im Übrigen dazu führen, dass durch das Handeln des Bürgers das Fehlen einer gesetzlichen Ermächtigungsgrundlage überspielt wird. Aus diesen Gründen ist der Einzelne regelmäßig darauf beschränkt, die Vornahme der öffentlichen Handlung auf gerichtlichem Wege durchzusetzen (vor allem auch einstweiliger Rechtsschutz). Eine GoA kommt also auch hier nur in besonderen **Notsituationen** in Betracht.

Sofern eine GoA ausnahmsweise zulässig sein sollte, richten sich die **Rechtsfolgen nach den allgemeinen Regelungen.** Zu denken ist also vor allem an Ersatzansprüche

---

[195] *Maurer*, Allgemeines Verwaltungsrecht, § 29 Rn 12. Vgl. auch die Entscheidung des OVG Bautzen zur Erstattung von zu unterrichtszwecken hergestellten Kopien, Urteil vom 17.04.2012, 2 A 520/11, wo ein Anspruch aus GoA richtigerweise abgelehnt wird.

[196] *Baldus/Grzeszick/Wienhues*, Staatshaftungsrecht Rn 173.

des Geschäftsführers gegen den Geschäftsherrn aus § 683 BGB analog. So verhielt es sich etwa im einem vom OVG Lüneburg entschiedenem Fall:[197]

Ein Verkehrsteilnehmer brachte eine von ihm gefundene, bei einem Unfall **verletzte Katze** zum Tierarzt T, der den tierärztlichen Notdienst verrichtete. Der Eigentümer der gepflegten Katze ließ sich nicht ermitteln. Auch der Vorsitzende des Tierschutzvereins V, mit dem die Gemeinde G einen umfassenden Vertrag zur Versorgung von Fundtieren abgeschlossen hatte, ließ sich zunächst nicht erreichen. **Der T behandelte das Tier, dessen Verletzungen lebensbedrohlich waren.** Der Versuch, V zu kontaktieren scheiterte in den folgenden Tagen mehrfach. Nachdem T zunächst die G aufgefordert hatte, die Abholung der Katze durch V zu veranlassen, was jedoch nicht geschah, stellte er dem V schließlich eine Rechnung über die bisherigen Behandlungs- und Unterbringungskosten in Höhe von ca. 600 Euro. V verweigerte die Zahlung, so dass T letztlich die Begleichung der Rechnung durch G verlangte.

Das OVG stellte zunächst fest, dass es sich bei der Geschäftsführung des T um ein **Geschäft der G** als Fundbehörde gehandelt habe, was sich aus der allgemeinen Zuständigkeitsverordnung für die Gemeinden und Landkreise ergebe. Bei der Katze handelte es sich auch um eine Fundsache. Anders wäre nur zu entscheiden, wenn das Tier herrenlos gewesen wäre. Hier war das Tier jedoch sehr zutraulich und zudem tätowiert, so dass davon auszugehen sei, dass Eigentum an ihm begründet worden sei. Für eine Aufgabe des Eigentums nach 959 BGB fehle es an hinreichenden Anhaltspunkten, zumal die Katze zum Zeitpunkt ihres Auffindens einen guten Ernährungs- und Pflegezustand aufgewiesen habe. Zwar sei grds. der Finder – hier der Verkehrsteilnehmer – für die Unterhaltung der Fundsache zuständig. Dieser sei aber berechtigt, die Fundsache an die zuständige Behörde – hier die G – abzuliefern. Die G hat ihre Zuständigkeit dabei auch nicht wirksam auf den V übertragen. Denn die vertraglich vereinbarte Übertragung der Verwahrungspflicht auf einen Dritten, wirke allein im Innenverhältnis und lasse die im Außenverhältnis begründete gesetzliche Zuständigkeit unberührt. T handelte auch mit dem erforderlichen **Fremdgeschäftsführungswillen.** Zuletzt könnte der Aufwendungsersatzanspruch noch am entgegenstehenden Willen der G scheitern. An dieser Stelle greife jedoch § 683 S. 2 BGB, wonach der entgegenstehende Wille einen Anspruch nicht ausschließt, wenn ohne die Geschäftsführung eine Pflicht des Geschäftsherrn, deren Erfüllung im öffentlichen Interesse liegt, nicht rechtzeitig erfüllt werden könnte. Nach der Rechtsprechung des BVerwG müsse dabei ein öffentliches Interesse gerade daran bestehen, dass die Aufgabe von dem privaten „Geschäftsführer" in der gegebenen Situation erfüllt wurde, wobei die Wahrung eines der Behörde zuste-

---

[197] OVG Lüneburg, Urteil vom 23.04.2012, 11 LB 267/11. Dazu auch *Puschmann*, NRÜ 2012, 280 ff.

henden Handlungsspielraums nicht außer Acht bleiben dürfe. Ein Träger öffentlicher Verwaltung dürfe nicht durch private Initiative im Hinblick auf das Ob und das Wie einer konkreten Maßnahme vor vollendete Tatsachen gestellt werden, wenn ihm in dieser Hinsicht ein Ermessen eingeräumt ist. Auch hier komme der G zwar ein solches Ermessen im Hinblick auf die Frage zu, wo und wie sie Fundtiere unterbringe. Dieser Ermessensspielraum sei durch die Tätigkeit des T jedoch nicht beeinträchtigt worden, da die Katze lebensbedrohlich verletzt gewesen sei und daher behandelt werden musste. Auch die G hätte den Kater also umgehend in die Obhut des T bringen lassen müssen. Auch soweit die G einwendet, dass die Tötung des Tieres sehr viel günstiger gewesen sei und daher ihrem Willen entsprochen hätte, spreche dies nicht gegen ein öffentliches Interesse im Sinne des § 683 S. 2 BGB. Denn für die Tötung eines Fundtieres gebe es schon keine Rechtsgrundlage. Nach dem **Pflegegebot** aus § 2 Nr. 1 iVm § 1 S. 2 TierSchG sei die Tötung eines Tieres nur als ultima ratio zulässig und dürfe daher nicht erfolgen, wenn noch Heilungsaussichten bestünden. Der wirtschaftliche Wert eines Tieres spiele für die Durchführung einer Behandlung damit grds. keine Rolle. Selbst wenn diese Überlegungen nicht dazu führen könnten, dass die G zur Übernahme völlig unverhältnismäßiger Aufwendungen verpflichtet werde, würden die hier in Rede stehenden Aufwendungen von ca. 600 Euro diese Grenze jedenfalls nicht überschreiten. Denn nach **§ 251 Abs. 2 S. 2 BGB** seien die aus einer Heilbehandlung eines verletzten Tieres entstandenen Aufwendungen nicht bereits dann unverhältnismäßig, wenn sie dessen Wert erheblich übersteigen. Nach der Rechtsprechung werde bei einer Katze ohne Marktwert die Grenze durch Aufwendungen von 1.500 Euro noch nicht überschritten. **G ist damit zum Ersatz der Aufwendungen des T verpflichtet.**

4. Der öffentlich-rechtliche Vertrag

Regelungen zum **öffentlich-rechtlichen Vertrag** finden sich in den §§ 54 ff. VwVfG. In § 62 S. 2 VwVfG ist dabei ausdrücklich die subsidiäre Geltung der privatrechtlichen Regelungen angeordnet.

5. Personenbezogene Sonderverbindungen

Auch **personenbezogene Sonderverbindungen** können ein öffentlich-rechtliches Schuldverhältnis begründen. Anerkannt ist dies etwa für das **Beamtenverhältnis**.[198] Tatsächlich tritt der Staat (der Dienstherr) in ein besonderes

---

[198] BVerwGE 13, 17.

Näheverhältnis mit dem einzelnen Beamten, welches es als gerechtfertigt erscheinen lässt, die zivilrechtlichen Regelungen auf dieses anzuwenden. Teilweise wird zur Begründung auch auf die notwendige haftungsrechtliche Gleichbehandlung der Beamten mit den übrigen, im öffentlichen Dienst angestellten Personen verwiesen, für die die zivilrechtlichen Regelungen unmittelbar anwendbar sind.[199] Zu beachten ist in diesem Bereich jedoch stets, dass eine solche Haftung nur dann in Betracht kommt, sofern abweichende und abschließende beamtenrechtliche Haftungsregelungen nicht bestehen. Nach **§ 78 Abs. 1 BBG** ist die Haftung von Bundesbeamten gegenüber ihrem Dienstherrn auf Schadensersatz auf vorsätzliche und grob fahrlässige Pflichtverletzungen beschränkt. Für Landesbeamte findet sich eine entsprechende Regelung in **§ 48 BeamtStG.**

Achtung: Das bisherige Beamtenrechtsrahmengesetz besteht seit der Föderalismusreform nicht mehr. Der Bund hat aber weiterhin eine konkurrierende Kompetenz zur Regelung der Statusrechte und -pflichten der Beamten der Länder, Gemeinden und anderen Körperschaften des öffentlichen Rechts sowie der Richter in den Ländern mit Ausnahme der Laufbahnen, Besoldung und Versorgung (Art. 74 I Nr. 27 GG).[200] Allgemeingültige Haftungsregelungen wie § 48 BeamtStG kann der Bund damit weiterhin erlassen.

Bisher finden sich allerdings **keinerlei beamtenrechtliche Bestimmungen hinsichtlich der Haftung des Dienstherrn gegenüber dem einzelnen Beamten.** Hier kommt damit eine Haftung nach den Grundsätzen des öffentlich-rechtlichen Schuldverhältnisses in Betracht.

Voraussetzung ist mithin, dass der Dienstherr eine aus dem Beamtenverhältnis resultierende Pflicht schuldhaft verletzt und dadurch auf Seiten des Beamten einen Schaden verursacht. Beispiele sind etwa die ungerechtfertigte und damit rechtswidrige Entlassung[201] oder ein Verstoß gegen die

---

[199] *Detterbeck/Windthorst/Sproll*, Staatshaftungsrecht, § 21 Rn 15.
[200] Zur Föderalismusreform *Thiele*, JA 2006, 714.
[201] BVerwGE 13, 17.

Pflicht, eine Beförderung nur nach Eignung, Befähigung und fachlicher Leistung vorzunehmen.[202]

Das BVerwG unterscheidet in seiner Rechtsprechung zwischen der Verletzung von Pflichten, die in besonderen beamtenrechtlichen Vorschriften geregelt sind und der Verletzung der allgemeinen beamtenrechtlichen Fürsorgepflicht (gegenwärtig etwa in § 79 BBG geregelt). In der Sache ergibt sich dabei jedoch kein Unterschied.[203] **Im Rahmen einer Klausur** sollte eine solche (verwirrende) Pflichtenunterscheidung daher nicht vorgenommen werden. Vielmehr sind die Ansprüche des Beamten stets auf § 280 BGB analog iVm mit der jeweiligen beamtenrechtlichen Norm zu stützen, die verletzt wurde.

Neben dem Beamtenverhältnis hat die Rechtsprechung bisher auch das **Zivildienst-**[204] und das **Wehrdienstverhältnis**[205] als öffentlich-rechtliche Schuldverhältnisse anerkannt. Ein solches besteht damit auch zwischen den Beteiligten des heutigen „Bundesfreiwilligendienstes". Soweit keine Sonderregelungen bestehen, kommt hier mithin eine Haftung aus § 280 BGB analog in Betracht.

Demgegenüber betrachtet die Rechtsprechung weder das **Strafgefangenen-**, noch das **allgemeine Schulverhältnis** als öffentlich-rechtliches Schuldverhältnis. Allerdings vermag diese Ansicht letztlich nicht zu überzeugen, denn auch in diesen Bereichen entsteht ein besonderes Näheverhältnis zwischen dem Staat und dem betroffenen Bürger.[206]

Im Rahmen einer Klausur kann daher mit dieser Begründung auch eine andere Ansicht vertreten werden. Die Auffassung der Rechtsprechung scheint jedenfalls aus dogmatischer Sicht nicht stringent und beruht wohl noch auf der früheren aber überholten Idee des besonderen Gewaltverhältnisses.

III. Rechtsweg

Im Grundsatz richtet sich der Rechtsweg nach der allgemeinen Zuweisung in § 40 Abs. 1 VwGO, so dass die

---

[202] BVerwGE 80, 123.
[203] *Detterbeck*, Allgemeines Verwaltungsrecht Rn 1301.
[204] BGH DÖV 1990, 1027. Siehe dazu auch die Fallbearbeitung bei *Thiele*, JuS 2006, 534.
[205] BVerwGE 52, 247.
[206] S. dazu auch *Detterbeck/Windthorst/Sproll*, Staatshaftungsrecht, § 21 Rn 27 ff.

Verwaltungsgerichte zuständig sind. Allerdings finden sich in § 40 Abs. 2 VwGO einige (teilweise äußerst umstrittene) Sonderregelungen. **Diesbezüglich ist in einer Klausurbearbeitung Folgendes zu beachten:**

- Die Sonderregelungen des § 40 Abs. 2 S. 1 VwGO beziehen sich nur auf Klagen des Bürgers gegen den Staat. **Klagen des Staates gegen den Bürger** richten sich also allein nach § 40 Abs. 1 VwGO und sind damit stets den Verwaltungsgerichten zugewiesen.[207]

- Für sämtliche Klagen aus dem **Beamtenverhältnis** besteht nach § 54 Abs. 1 BeamtStG eine aufdrängende Sonderzuweisung an die Verwaltungsgerichte. Auf § 40 Abs. 1 VwGO ist also nicht einzugehen.

- Ansprüche des Bürgers aus **öffentlich-rechtlicher Verwahrung** sind nach § 40 Abs. 2 S. 1 VwGO den ordentlichen Gerichten zugewiesen.

- Unmittelbar aus dem Wortlaut des § 40 Abs. 2 S. 1 VwGO folgt, dass **Schadensersatzansprüche aus der Verletzung öffentlich-rechtlicher Pflichten** ebenfalls den ordentlichen Gerichten zugewiesen sind.[208] Nach der überwiegenden (zutreffenden) Auffassung umfasst diese Norm auch die Verletzung von Pflichten aus einem öffentlich-rechtlichen Schuldverhältnis. Allerdings gilt dies nur, sofern diese Pflichten nicht auf einem öffentlich-rechtlichen Vertrag beruhen; in diesem Fall bleiben mithin die Verwaltungsgerichte zuständig, § 40 Abs. 2 S. 1 3. Var. VwGO. Aufgrund dieser Sonderregelung für öffentlich-rechtliche Verträge werden Schadensersatzansprüche aus öffentlich-rechtlichen Schuldverhältnissen teilweise ebenfalls den Verwaltungsgerichten zugewiesen, da diese Ansprüche jedenfalls vertragsähnlich seien.[209] Dies ist jedoch mit dem ein-

---

[207] *Maurer*, Allgemeines Verwaltungsrecht, § 29 Rn 9.
[208] *Detterbeck/Windthorst/Sproll*, Staatshaftungsrecht, § 22 Rn 2.
[209] So wohl auch *Baldus/Grzeszick/Wienhues*, Staatshaftungsrecht Rn 178.

deutigen Wortlaut des § 40 Abs. 2 S. 1 VwGO nur
schwer vereinbar.

- **Umstritten** ist daher auch die Zuordnung von Ansprüchen aus **Pflichtverletzungen im vorvertrag-
lichen Bereich** (sog. c.i.c.). Aufgrund des engen Zusammenhangs mit dem abzuschließenden öffentlich-
rechtlichen Vertrag, erscheint es hier tatsächlich angemessen, diese Ansprüche unter die Sonderregelung des § 40 Abs. 2 S. 1 3. Var. VwGO zu subsu-
mieren und sie damit den Verwaltungsgerichten zuzuweisen. Demgegenüber unterscheidet die Rechtsprechung in diesen Fällen danach, ob es sich um
Ansprüche handelt, deren Entstehungsgründe ty-
pischerweise auch Gegenstand eines Amtshaftungsanspruchs sein können − unabhängig davon, ob im
Einzelfall ein solcher auch geltend gemacht wird.[210]
Zumindest dann sei der Zivilrechtsweg eröffnet. Diese Ansicht führt jedoch oftmals zu eher zufälligen Ergebnissen.[211]

- § 40 Abs. 2 S. 1 VwGO erfasst nur Schadensersatzansprüche. Erfüllungsansprüche aus öffentlich-rechtlichen Schuldverhältnissen fallen weiterhin unter § 40
Abs. 1 VwGO und sind vor den Verwaltungsgerichten
geltend zu machen.[212]

Sofern Schadensersatzansprüche tatsächlich einmal gemeinsam mit
einem Amtshaftungsanspruch geltend gemacht werden sollten, so können
(und müssen) die Zivilgerichte aufgrund der Regelung des § 17 Abs. 2
GVG in jedem Falle über alle denkbaren Ansprüche entscheiden. Hingegen dürfen die Verwaltungsgerichte unter keinen Umständen auch über
einen Amtshaftungsanspruch entscheiden, siehe Art. 34 S. 3 GG.

Insgesamt sind die bestehenden Rechtswegregelungen daher unbefriedigend komplex ausgestaltet. Gerade das macht sie freilich für den
Klausurensteller interessant.

---

[210] BVerwG DVBl. 2002, 1555.
[211] Ablehnend daher auch *Detterbeck*, Allgemeines Verwaltungsrecht Rn 823. Zu-
stimmend hingegen *Clausing*, JuS 2003, 796.
[212] So auch *Detterbeck*, Allgemeines Verwaltungsrecht Rn 1304.

Literaturhinweise zu öffentlich-rechtlichen Schuldverhältnissen

- *ders.*, Die positive Forderungsverletzung als Institut des Staatshaftungsrechts, Jura 2002, 35
- *Detterbeck*, Der praktische Fall, JuS 2003, 1003
- *Maurer*, Schadensersatzansprüche des Lehrers gegen den Schulträger, JuS 1994, 1015
- *Ruffert*, Verträge mit der Stadtverwaltung, Jura 2003, 633
- *Schröder,* Die Drittschadensliquidation im öffentlichen Recht, VerwArch 2011, 223
- *Thiele,* Probleme mit dem Zivi…, JuS 2006, 534
- *Windthorst*, Staatshaftungsrecht – Das öffentlichrechtliche Schuldverhältnis, JuS 1996, 605

C. Die Haftung wegen Beeinträchtigungen des Eigentums

I. Überblick und Anspruchsgrundlagen

Die in Art. 14 GG gewährleistete **Eigentumsfreiheit** stellt in einem Rechtsstaat ein **wesentliches Element zur Sicherung der Freiheit des Einzelnen** dar;[213] erst die Garantie des Eigentums ermöglicht eine eigenverantwortliche Lebensgestaltung.[214] Art. 14 GG bildet daher einen zentralen Bestandteil der freiheitlichen demokratischen Grundordnung.[215] Aufgrund dieser besonderen Bedeutung der Eigentumsgarantie sind Eingriffe in das Eigentum des Bürgers – soweit sie überhaupt zulässig sind – regelmäßig an Ausgleichs- und Entschädigungsansprüche des betroffenen Eigentümers geknüpft. Für eine besondere Form des Eingriffs, nämlich die **Enteignung**, ist dies in Art. 14 Abs. 3 GG auch ausdrücklich normiert. Eine solche ist danach nur zum Wohle der Allgemeinheit zulässig, zudem ist der Betroffene für den Eigentumsverlust zu entschädigen. Neben der Enteignung sind jedoch noch **weitere Eingriffe in das Eigentum** denkbar:

Beispiel: Aufgrund einer Baustelle für eine öffentliche Straße ist ein Geschäft für eine Zeit von fünf Monaten für Kunden praktisch nicht mehr erreichbar. Der Inhaber erleidet erhebliche Umsatzeinbußen, die den Bestand des Geschäfts gefährden. **Oder**: Ein Krankenwagen streift bei einem Einsatz ein anderes Fahrzeug und beschädigt dieses.

Im Laufe der Zeit sind von der Rechtsprechung daher weitere Entschädigungsansprüche entwickelt worden, die ihre Grundlage zunächst in einer entsprechenden Anwendung des Art. 14 Abs. 3 GG fanden. Das Bundesverfassungsgericht, das erst relativ spät mit der Eigentumsgarantie befasst wurde,[216] stellte in seinem **Naßauskiesungsbe-**

---

[213] Siehe etwa den berühmten Ausspruch von *Dürig*, JZ 1954, 4: „Eigentum ist Freiheit".

[214] Siehe auch *Katz*, Staatsrecht Rn 813 sowie *Zippelius/Würtenberger*, Deutsches Staatsrecht, S. 277.

[215] BVerfGE 24, 367.

[216] *Maurer*, Allgemeines Verwaltungsrecht, § 27 Rn 26.

schluss aus dem Jahre 1981[217] jedoch fest, dass diese Rechtsprechung jedenfalls zum Teil mit der verfassungsrechtlichen Eigentumsgarantie nicht zu vereinbaren war.

Mit Art. 14 Abs. 3 GG unvereinbar war zunächst der **Enteignungsbegriff** selbst, der vom BGH und auch vom BVerwG **materiell** bestimmt wurde. Demgegenüber stellte das BVerfG klar, dass dem Art. 14 Abs. 3 GG ein **formeller** und damit weitaus engerer Enteignungsbegriff zugrunde liege.[218] Art. 14 Abs. 3 GG, so das BVerfG weiter, sehe eine Entschädigung zudem ausschließlich aufgrund einer rechtmäßigen Enteignung vor. **Weitere Entschädigungsansprüche** könnten daher jedenfalls **nicht auf Art. 14 Abs. 3 GG** gestützt werden. Die grundgesetzliche Eigentumsgarantie gewährleiste zudem **primär den Bestandsschutz** und nur sekundär die Möglichkeit einer Entschädigung. Im Falle eines rechtswidrigen Eingriffs in das Eigentum – auch einer rechtswidrigen Enteignung – könne der Einzelne daher im Grundsatz nicht zwischen der Anfechtung der jeweiligen Maßnahme und der Hinnahme des Eingriffs gegen finanzielle Entschädigung wählen, wie es der BGH teilweise angenommen hatte. Ein solches „**dulde und liquidiere**" sei mit Art. 14 Abs. 3 GG unvereinbar.

Der BGH hat in der Folge (zunächst etwas widerwillig) die von ihm entwickelten Ansprüche an die vom BVerfG herausgearbeiteten verfassungsrechtlichen Vorgaben angepasst und modifiziert. Gegenwärtig sind damit im Falle eines Eingriffs in das Eigentum die folgenden **vier Anspruchsgrundlagen** zu unterscheiden:

- Die **Enteignungsentschädigung**. Diese findet ihre Grundlage in Art. 14 Abs. 3 GG. Zu beachten ist jedoch der formelle Enteignungsbegriff des BVerfG, wodurch die Bedeutung des Art. 14 Abs. 3 GG – sowohl in der Praxis als auch und gerade in der Fallbearbeitung – stark begrenzt worden ist. Eine Entschädigung kommt zudem nur bei rechtmäßigen Enteignungen in Betracht. Rechtswidrige Enteignungen müssen hingegen grds. rückabgewickelt werden.

- Die **ausgleichspflichtige Inhalts- und Schrankenbestimmung**. Dieses Institut ist vom BVerfG in der

---

[217] BVerfGE 58, 300.
[218] *Detterbeck/Windthorst/Sproll*, Staatshaftungsrecht, § 15 Rn 7.

Pflichtexemplarentscheidung[219] entwickelt und anschließend von der Rechtsprechung und Literatur konkretisiert worden.[220] Sie betrifft die Fälle, in denen eine grundsätzlich angemessene gesetzliche Ausgestaltung des Eigentums in Einzelfällen eine unverhältnismäßige Belastung darstellt. Eine solche Regelung ist dann insoweit verfassungswidrig. Die Verfassungswidrigkeit kann jedoch „geheilt" werden, wenn das Gesetz für solche besonderen Fälle eine angemessene Entschädigung vorsieht.

- Der Anspruch aus **enteignungsgleichem Eingriff**. Dieses Institut greift im Falle rechtwidriger Eigentumseingriffe ein, die keine Enteignung darstellen und gewährt dem Einzelnen einen Entschädigungsanspruch. In diesem Bereich hat der oben genannte Naßauskiesungsbeschluss zu einigen Modifikationen geführt. So findet der Anspruch seine Grundlage mittlerweile nicht mehr in Art. 14 Abs. 3 GG analog, sondern in den §§ 74, 75 Einl. PrALR in ihrer richterrechtlichen Ausprägung (s.o.).[221] Zudem ist der Vorrang des Primärrechtsschutzes zu beachten. Der enteignungsgleiche Eingriff kommt also nur noch dort in Betracht, wo dieser Primärrechtsschutz ausnahmsweise nicht als ausreichend angesehen werden kann, um den Schaden abzuwenden.

- Der Anspruch aus **enteignendem Eingriff**. Dieser Anspruch, der seine Grundlage mittlerweile ebenfalls in den §§ 74, 75 Einl. PrALR findet, greift in den Fällen, in denen eine an sich rechtmäßige hoheitliche Maßnahme zu einer für den Einzelnen unzumutbaren Eigentumsbeeinträchtigung, also einem Sonderopfer führt.

---

[219] BVerfGE 58, 137.
[220] *Maurer*, Allgemeines Verwaltungsrecht, § 27 Rn 32.
[221] *Detterbeck*, Allgemeines Verwaltungsrecht Rn 1135.

Alle diese Ansprüche setzen einen **Eingriff in das Eigentum** voraus. Bevor auf diese Ansprüche daher im Einzelnen eingegangen wird, soll daher zunächst der verfassungsrechtliche Eigentumsbegriff (also der Schutzbereich des Art. 14 Abs. 1 GG) erläutert werden (II). Im Anschluss werden der Anspruch auf Enteignungsentschädigung (III), die ausgleichspflichtige Inhalts- und Schrankenbestimmung (IV), der enteignungsgleiche (V) und der enteignende Eingriff (VI) dargestellt.

II. Der verfassungsrechtliche Eigentumsbegriff

1. Grundlagen

Eigentum muss durch die jeweilige Rechtsordnung erst geschaffen werden,[222] es gibt also **keinen „absoluten Eigentumsbegriff"** auf den bei der Bestimmung des Schutzbereiches des Art. 14 GG zurückgegriffen werden könnte. Art. 14 GG weist insoweit gewisse Besonderheiten zu anderen Grundrechten auf; er ist in besonderer Weise durch den Gesetzgeber ausfüllungsbedürftig.[223] Eigentum im Sinne des Art. 14 GG sind damit alle vermögenswerten Rechte, die dem Berechtigten von der Rechtsordnung in der Weise zugeordnet sind, dass er die damit verbundenen Befugnisse nach eigenverantwortlicher Entscheidung zu seinem privaten Nutzen ausüben kann.[224] **Eigentum ist mithin im Grundsatz alles das, was der Gesetzgeber als Eigentum definiert** und dem Einzelnen zuweist. Die durch diese Definition an sich suggerierte völlige Freiheit des Gesetzgebers im Rahmen der Ausgestaltung der Eigentumsordnung will jedoch nicht so recht zu der besonderen Bedeutung des Art. 14 GG und dessen Rang in der Normenhierarchie passen. Der Eigentumsbegriff läge dann nämlich vollständig in der Hand des einfachen Gesetzgebers, der diesen beliebig weit ausdehnen oder aber auch einschränken könnte. In der

---

[222] *Detterbeck/Windthorst/Sproll*, Staatshaftungsrecht, § 14 Rn 7.
[223] *Maurer*, Allgemeines Verwaltungsrecht, § 27 Rn 38. Siehe auch *Zippelius/Würtenberger*, Deutsches Staatsrecht, S. 277 ff.
[224] BVerfGE 83, 201.

Konsequenz wäre der Vorrang der Verfassung im Allgemeinen und die Grundrechtsbindung nach Art. 1 Abs. 3 GG im Besonderen in diesem Bereich faktisch aufgehoben, was kaum akzeptabel erscheint.

Richtigerweise hat das Bundesverfassungsgericht daher festgestellt, dass auch Art. 14 Abs. 1 GG dem Gestaltungsspielraum des Gesetzgebers verfassungsrechtliche Schranken setzt. Diese ergeben sich im Kern daraus, dass der Gesetzgeber verpflichtet ist, im Rahmen der Ausgestaltung einerseits die grundsätzliche Entscheidung für das Privateigentum (Art. 14 Abs. 1 GG) aber andererseits zugleich die in Art. 14 Abs. 2 GG zum Ausdruck kommende Sozialpflichtigkeit des Eigentums zu beachten.

Aus diesen verfassungsrechtlichen Grenzen, ergeben sich gewisse **Mindestanforderungen**, denen die Eigentumsordnung entsprechen muss und an denen die gesetzliche Ausgestaltung gemessen werden kann. So gehört es etwa regelmäßig zur Privatnützigkeit, dass der Eigentümer von der jeweiligen Sache umfassend Gebrauch machen kann. Dazu gehört prinzipiell die Befugnis, die Sache eigenständig veräußern zu können oder Erträge mit ihr zu erzielen. Anders ließe sich auch die freiheitssichernde Funktion, die Art. 14 GG zukommt, überhaupt nicht realisieren. Eine Eigentumsordnung, die diese grundsätzlichen Rechte nicht gewährleistet, wäre daher mit Art. 14 GG unvereinbar. Andererseits sind gewisse Beschränkungen dieser Rechte zulässig, sofern sie sich als verhältnismäßig erweisen und nicht so häufig und umfassend erfolgen, dass die Privatnützigkeit insgesamt nicht mehr gewährleistet erscheint.

Aus der **Privatnützigkeit** des Art. 14 GG folgt zudem, dass allein das Eigentum Privater, nicht jedoch das Privateigentum an sich geschützt ist.[225] Mit diesem berühmten Satz aus der **Sasbach-Entscheidung** hat das BVerfG daher das Eigentum staatlicher Institutionen (etwa Gemeinden), dem Schutzbereich des Art. 14 Abs. 1 GG generell entzogen, was in der Literatur bisweilen kritisch gesehen wird.[226]

---

[225] BVerfGE 61, 82.
[226] *Katz*, Staatsrecht Rn 816.

2. Die einzelnen erfassten Eigentumsrechte

Sofern die Eigentumsordnung den genannten Anforderungen genügt, umfasst der Eigentumsbegriff im Ergebnis **alle vermögenswerten Rechte, die dem Einzelnen durch die Rechtsordnung zugewiesen** sind.[227] Damit ist der Eigentumsbegriff des Art. 14 GG weiter als der rein privatrechtliche Eigentumsbegriff.[228] Im Einzelnen sind folgende „Rechte" umfasst:

- **Alle vermögenswerten Rechte des Privatrechts.** Hierzu gehören etwa das Sacheigentum (sowohl an beweglichen als auch an unbeweglichen Sachen), Grundpfandrechte (Hypotheken, Grundschulden) und sonstige Pfandrechte, private Forderungen, Immaterialgüterrechte und gewerbliche Schutzrechte (Marken-, Urheber- und Patentrechte), Bebauungsrechte. Auch das Besitzrecht des Mieters fällt nach Ansicht des BVerfG unter den verfassungsrechtlichen Eigentumsbegriff.[229]

- **Der eingerichtete und ausgeübte Gewerbebetrieb.** Allerdings ist der Schutzumfang in dieser Hinsicht umstritten. Das BVerfG betrachtet allein die **betriebliche Substanz** (also die betrieblichen Grundlagen)[230] als von Art. 14 Abs. 1 GG geschützt. Demgegenüber umfasst der Schutz nach der Ansicht des BGH die Sach- und Rechtsgesamtheit eines wirtschaftlichen Unternehmens gerade in der spezifischen Zusammensetzung der Mittel und der bestimmten Form ihres Einsatzes.[231] Geschützt wären danach etwa die Warenvorräte, geschäftliche Verbindungen oder auch der Kundenstamm an sich. In der Sache wird sich diese Frage oftmals nicht auswirken, da die einzelnen Rechte des Gewerbe-

---

[227] *Katz*, Staatsrecht Rn 817.
[228] *Detterbeck/Windthorst/Sproll*, Staatshaftungsrecht, § 14 Rn 14.
[229] BVerfGE 89, 1.
[230] *Detterbeck*, Allgemeines Verwaltungsrecht Rn 1113.
[231] *Baldus/Grzeszick/Wienhues*, Staatshaftungsrecht Rn 265.

triebs (etwa die Warenvorräte) bereits für sich genommen unter die Eigentumsgarantie fallen. Relevant wird der Streit also erst dann, wenn es um Rechte geht, die nur in Verbindung mit dem Gewerbebetrieb als Eigentum anzusehen wären.

- **Öffentlich-rechtliche Ansprüche** fallen unter Umständen ebenfalls unter die Eigentumsgarantie des Art. 14 GG.[232] Voraussetzung ist jedoch, dass die konkreten Ansprüche **durch eigene Arbeitsleistung** oder zumindest unter Einsatz eigener wirtschaftlicher Mittel erworben worden sind.[233] Die Ansprüche müssen mit anderen Worten ein Äquivalent der eigenen Leistung des Bürgers darstellen. Sozialversicherungsrechtliche Ansprüche (Arbeitslosengeld, Rentenansprüche) fallen damit regelmäßig unter Art. 14 GG. Nicht geschützt sind hingegen solche Ansprüche, die der Staat allein aus sozialer Fürsorge gewährt.[234] Beispiele sind etwa das Kindergeld oder Hartz IV.

- **Das Anliegerrecht.** Dieses Recht umfasst insbesondere die **Erschließung des Grundstücks** durch den notwendigen Zugang zum öffentlichen Verkehrsraum.[235] Allerdings muss der Eigentümer in diesem Zusammenhang gewisse Beschränkungen hinnehmen. Insbesondere Bauarbeiten stellen regelmäßig keinen rechtswidrigen Eingriff in Art. 14 GG dar. Etwas anderes kann jedoch dann gelten, wenn die Bauarbeiten besonders umfangreich sind und daher etwa einen Betrieb in seiner Existenz gefährden.

---

[232] Dazu auch *Katz*, Staatsrecht Rn 818 sowie *Zippelius/Würtenberger*, Deutsches Staatsrecht, S. 281 f.
[233] BVerfGE 53, 257.
[234] *Detterbeck/Windthorst/Sproll*, Staatshaftungsrecht, § 14 Rn 27.
[235] *Baldus/Grzeszick/Wienhues*, Staatshaftungsrecht Rn 264.

Nicht vom Schutz des Art. 14 GG sind hingegen **umfasst**:

- **Das Vermögen als solches.**[236] Dieses bildet nämlich lediglich die Summe der einzelnen geschützten Rechtspositionen. Daher bewirkt die Auferlegung von Geldleistungspflichten (insbesondere Steuern) in der Regel keinen Eingriff in das Eigentumsgrundrecht.[237] Etwas anderes gilt aber dann, wenn die Geldleistungspflicht eine **erdrosselnde Wirkung** entfaltet (Existenzbedrohung).[238]

- **Bloße Gewinn- oder Erwerbschancen.** Sofern diese beeinträchtigt werden sollten, ist nicht Art. 14 GG, sondern eventuell Art. 12 Abs. 1 GG betroffen. **Merksatz**: Art. 14 GG schützt das Erworbene, Art. 12 Abs. 1 GG den Erwerb.[239]

III. Der Anspruch auf Enteignungsentschädigung

1. Voraussetzungen des Anspruchs

a) Vorliegen einer Enteignung

Der Anspruch aus Art. 14 Abs. 3 GG setzt eine rechtmäßige **Enteignung** voraus. Abzugrenzen ist die Enteignung von der sogenannten Inhalts- und Schrankenbestimmung nach Art. 14 Abs. 1 S. 2 GG. Im Grundsatz obliegt es nach Art. 14 Abs. 1 S. 2 GG dem Gesetzgeber, die Eigentumsordnung nach seinen Vorstellungen auszugestalten. Im Rahmen einer solchen Ausgestaltung definiert der Gesetzgeber mithin abstrakt-generell, was zukünftig unter Eigentum zu verstehen sein soll, greift hingegen nicht in konkrete Eigentumspositionen ein. Demgegenüber ist die Enteignung gerade durch einen solchen konkreten Zugriff gekennzeichnet, die

---

[236] BVerfGE 78, 232. Siehe auch *Katz*, Staatsrecht Rn 817,

[237] Betroffen ist jedoch die allgemeine Handlungsfreiheit nach Art. 2 I GG.

[238] Wann eine erdrosselnde Wirkung vorliegt ist eine Frage des Einzelfalls. Das BVerfG hat den sog. **Halbteilungsgrundsatz** in einer jüngeren Entscheidung allerdings wieder aufgegeben. Siehe auch *Zippelius/Würtenberger*, Deutsches Staatsrecht, S. 283 f.

[239] Siehe auch *Zippelius/Würtenberger*, Deutsches Staatsrecht, S. 281.

zu einer ausgleichspflichtigen Ungleichbehandlung führt, indem einer einzelnen Person eine bestimmte Eigentumsposition entzogen wird, die anderen hingegen erhalten bleibt. Ausgestaltung und Enteignung schließen sich danach also prinzipiell aus.

Diese formelle Unterscheidung zwischen Ausgestaltung und Enteignung setzte sich in der Rechtsprechung jedoch erst nach einem entsprechenden Machtwort des Bundesverfassungsgerichts durch. Sowohl der BGH als auch das BVerwG grenzten zunächst vielmehr nach materiellen Kriterien ab. Entscheidend war danach die Eingriffsintensität für den Betroffenen. Ab einer bestimmten Intensität und abhängig von den jeweiligen Begebenheiten war es somit denkbar, dass auch eine abstrakt-generelle Regelung (und damit eine Inhalts- und Schrankenbestimmung) in eine Enteignung „umschlug". Diese **Enteignungsschwelle** wurde bei solchen Regelungen übertreten, die sich als besonders schwerwiegend darstellten und daher dem Einzelnen ein unzumutbares **Sonderopfer** auferlegten. Auch eine solche „Umschlagsenteignung" rief dann zwingend die Rechtsfolgen des Art. 14 Abs. 3 GG – vor allem die Entschädigungspflicht – hervor. Zwischen der Ausgestaltung und der Enteignung bestand mithin kein Ausschlussverhältnis. Vielmehr konnte sich jede Ausgestaltung abhängig vom konkreten Einzelfall jedenfalls auch als Enteignung im Sinne des Art. 14 Abs. 3 GG darstellen.

Diese dogmatische Konstruktion war damit vor allem für den Gesetzgeber überaus unbefriedigend. Er konnte beim Erlass der Norm zwangsläufig nicht alle denkbaren Einzelfälle vorhersehen und sich daher nie sicher sein, ob eine Norm nicht ausnahmsweise auch eine enteignende Wirkung haben wird. Art. 14 Abs. 3 GG setzt jedoch für die Verfassungsmäßigkeit einer (gesetzlichen) Enteignung voraus, dass dieses Gesetz stets auch „Art und Ausmaß der Entschädigung" regelt. Um dieser Anforderung gerecht zu werden, erließ der Gesetzgeber daher sog. **„salvatorische Entschädigungsklauseln"**, die ohne weitere Konkretisierung eine Entschädigung in Geld vorsahen, sofern eine Norm im Einzelfall eine Enteignung darstellen sollte. Hierdurch wurde im Laufe der Zeit die spezielle Warnfunktion des Art. 14 Abs. 3 GG mehr und mehr unterlaufen.

Das **BVerfG** hat daher im Jahre 1981 in seinem **Naßaus-kiesungsbeschluss** dieser Abgrenzung nach materiellen Kriterien widersprochen und die oben bereits skizzierten **formellen Kriterien** zur Abgrenzung entwickelt.[240] Enteignung und Inhalts- und Schrankenbestimmung sind insoweit als **unterschiedliche Rechtsinstitute** zu betrachten, die streng voneinander zu unterscheiden sind. Es ist grds. nicht möglich, dass eine Inhalts- und Schrankenbestimmung in eine Enteignung umschlägt. Vielmehr ist eine Bestimmung, die dem Einzelnen ein unzumutbares Sonderopfer auferlegt ausnahmslos verfassungswidrig und damit nichtig; eine Änderung der Qualifikation der hoheitlichen Maßnahme kommt demgegenüber nicht in Betracht. Auch und gerade eine Entschädigung kann in diesen Fällen daher mangels einer Enteignung jedenfalls nicht auf der Grundlage des Art. 14 Abs. 3 GG zugesprochen werden. **Der Betroffene muss vielmehr gegen die Maßnahme selbst vorgehen und deren Aufhebung verlangen.** Ein Dulden der rechtswidrigen Maßnahme gegen die Zahlung einer „Enteignungsentschädigung" ist ausgeschlossen.

Eine **Enteignung** liegt nach der Ansicht des BVerfG damit nur dann vor, **wenn konkrete subjektive Eigentumspositionen zur Erfüllung bestimmter öffentlicher Aufgaben vollständig oder teilweise entzogen werden.**[241] Demgegenüber handelt es sich stets um eine Inhalts- und Schrankenbestimmung, wenn der Gesetzgeber auf abstrakt-generelle Weise den Inhalt des Eigentums für die Zukunft bestimmt.[242]

---

[240]   BVerfGE 58, 300.
[241]   BVerfGE 70, 191; *Sodan/Ziekow*, Grundkurs Öffentliches Recht, § 42 Rn 19; *Jarass/Pieroth*, Art. 14 GG Rn 70.
[242]   *Sodan/Ziekow*, Grundkurs Öffentliches Recht, § 42 Rn 18.

Kennzeichnend für eine Enteignung sind damit die folgenden Merkmale:[243]

- Gezielter und konkret-individueller Zugriff,
- durch eine hoheitliche Maßnahme mit Regelungscharakter,[244]
- der zu einer vollständigen oder teilweisen Entziehung konkreter Eigentumspositionen führt.

Umstritten war zunächst freilich die Einordnung sogenannter **Reformgesetze**, durch die bestehende Eigentümerpositionen für die Zukunft modifiziert oder gar abgeschafft werden. Durch solche Reformgesetze wird nämlich nicht nur der Inhalt des Eigentums für die Zukunft bestimmt, sondern es werden zwangsläufig auch bis dahin rechtmäßig begründete konkrete Eigentumsrechte bei einzelnen Personen entzogen.

Beispiel: Nach einer neuen Regelung müssen bestimmte Kampfhunderassen einen Wesenstest bestehen. Schaffen sie dies nicht, müssen sie eingeschläfert werden.

Für zukünftige Besitzer solcher Kampfhunde stellt diese Regelung unter keinen Umständen eine Enteignung dar. Sie erwerben die Kampfhunde nämlich von Anfang an mit der gesetzlich begründeten „Belastung" durch den erforderlichen Wesenstest. Ihr Eigentum war von Beginn an entsprechend „bemakelt". Für die Hundeeigentümer, die bereits zum Erlasszeitpunkt einen solchen Kampfhund besaßen, könnte dies jedoch anders zu beurteilen sein. Denn diese hatten zunächst unbelastetes Eigentum, das durch das Gesetz nachträglich „belastet" bzw. entwertet wurde. Dieser Vorgang lässt sich damit durchaus „als teilweiser Entzug einer konkreten Rechtsposition" werten. Tatsächlich hat auch das BVerfG anfangs einen solchen **Doppelcharakter** von Reformgesetzen angenommen.[245] Mittlerweile ordnet es das gesamte Reformgesetz jedoch zu Recht als eine einheitliche

---

[243] Siehe auch *Katz*, Staatsrecht Rn 823.
[244] Rein faktische Maßnahmen genügen mithin nicht.
[245] BVerfGE 52, 1.

Inhalts- und Schrankenbestimmung auch für die betroffenen Alteigentümer ein.[246] Denn solche Reformgesetze weisen einen qualitativen Unterschied zum Wesen der Enteignung auf: Die Enteignung führt mit ihrem Entzug konkreter Eigentumspositionen bei einzelnen Betroffenen zu einer **Ungleichbehandlung** gegenüber anderen Personen, denen entsprechende Eigentumspositionen auch in der Zukunft belassen werden. Als Ausgleich erhält der enteignete Bürger eine Entschädigung.

Beispiel: Wenn B sein Grundstück im Zuge einer Enteignung abgeben muss, ändert dies nichts an der Tatsache, dass es weiterhin Grundeigentum insgesamt gibt. Die entzogene Eigentümerposition (Grundeigentum) besteht also in der Hand anderer Privatpersonen fort.

Eine solche Ungleichbehandlung liegt jedoch im Falle eines Reformgesetzes gerade nicht vor. Die Eigentümerposition wird für die Zukunft generell-abstrakt und damit für alle modifiziert oder abgeschafft. **Damit ist die Reformgesetzgebung also kein Enteignungs-, sondern ein Übergangsproblem.**[247] Der Gesetzgeber muss bei solchen Reformgesetzen die Situation betroffener Alteigentümer berücksichtigen. Aus dem Verhältnismäßigkeitsgrundsatz folgt daher unter Umständen, dass der Gesetzgeber Übergangsregelungen oder sonstige finanzielle Kompensationen vorsehen muss (**Stichwort**: ausgleichspflichtige Inhalts- und Schrankenbestimmung). Mit Art. 14 Abs. 3 GG hat ein solcher Ausgleich dann jedoch nichts zu tun.

Hinweis: In Klausuren müssen Sie die Abgrenzung zwischen Inhalts- und Schrankenbestimmung natürlich nicht so umfangreich vornehmen. Insbesondere müssen Sie mittlerweile wohl nicht mehr die alte Rechtsprechung des BVerwG und des BGH anführen. Etwas anderes gilt aber weiterhin in Hausarbeiten zu diesem Thema. Im Übrigen ist anzumerken, dass in Klausuren in der Regel eine Inhalts- und Schrankenbestimmung vorliegen wird.

---

[246] BVerfGE 83, 201.
[247] *Kraft*, BayVBl. 1994, 101; *Detterbeck/Windthorst/Sproll*, Staatshaftungsrecht, § 16 Rn 193.

b) Gesetzesvorbehalt

Nach Art. 14 Abs. 3 S. 2 GG darf eine Enteignung nur durch Gesetz oder aufgrund eines Gesetzes erfolgen. Es lassen sich folglich zwei Formen der Enteignung unterscheiden:[248]

- Enteignung unmittelbar durch Gesetz, sog. **Legalenteignung**[249] sowie

- Enteignung aufgrund eines Gesetzes, sog. **Administrativenteignung**.

Gesetz in diesem Sinne sind ausschließlich formelle Gesetze, also **Parlamentsgesetze**.[250] Nach der Rechtsprechung des BVerfG stellt die **Administrativenteignung** den **Regelfall** dar, während eine Legalenteignung nur ausnahmsweise zulässig ist,[251] da diese zwangsläufig zu einer Beschränkung des Rechtswegs führt.[252]

Unmittelbar gegen Gesetze kann der Einzelne nur mit der Verfassungsbeschwerde vorgehen, während für Administrativenteignungen der übliche Verwaltungsrechtsweg eröffnet ist.

Denkbar ist eine Legalenteignung etwa dann, wenn die Vielzahl ansonsten notwendiger Administrativenteignungen die Durchführung zwingend notwendiger Maßnahmen erheblich verzögern würde.

Beispiel: Für den Bau eines Deiches müssten ansonsten hunderte Administrativenteignungen der betroffenen Grundstücke vorgenommen werden.

Sofern eine Legalenteignung nach diesen Maßstäben zulässig ist, verdrängt Art. 14 Abs. 3 S. 2 GG die Regelung des Art. 19 Abs. 1 S. 1 GG.[253] Ein solches Gesetz fällt also nicht

---

[248] *Katz*, Staatsrecht Rn 823.
[249] Dieser Begriff hat sich zwar durchgesetzt, ist aber sprachlich unschön. Treffender wäre die Bezeichnung Gesetzes- oder Legislativenteignung, da auch die Administrativenteignung natürlich legal ist (sofern deren Voraussetzungen erfüllt sind).
[250] *Maurer*, Allgemeines Verwaltungsrecht, § 27 Rn 56.
[251] BVerfGE 24, 367; 45, 297.
[252] *Baldus/Grzeszick/Wienhues*, Staatshaftungsrecht Rn 282.
[253] *Zippelius/Würtenberger*, Deutsches Staatsrecht, S. 285.

unter das Verbot des Einzelfallgesetzes.[254] Im Übrigen gilt das allgemeine Zitiergebot gemäß Art. 19 Abs. 1 S. 2 GG für Gesetze nach Art. 14 Abs. 3 S. 2 GG generell nicht, da die Junktimklausel (siehe sogleich) deren Warnfunktion bereits erfüllt.

Dem Vorbehalt des Gesetzes genügen Enteignungsgesetze nach Art. 14 Abs. 3 S. 2 GG zudem nur dann, wenn sich aus ihnen unmittelbar ergibt, für welche Vorhaben, unter welchen Voraussetzungen und für welche öffentlichen Zwecke eine Enteignung überhaupt zulässig sein soll.

Die Gesetze nach Art. 14 Abs. 3 S. 2 GG müssen selbst Art und Ausmaß der Entschädigung regeln (sog. **Junktimklausel**).[255] Diese Regelung zwingt den Gesetzgeber sowohl im Falle einer Legalenteignung als auch dann, wenn er die Verwaltung zu einer Enteignung ermächtigt, über die konkrete Art und auch die Höhe der notwendigen Entschädigung selbst nachzudenken und diese dann gesetzlich festzulegen. Sollte eine solche Junktimklausel im Gesetz fehlen, so ist das Gesetz insgesamt verfassungswidrig und damit nichtig. Es stellt dann keine ausreichende Grundlage für die jeweilige Enteignung dar. Insbesondere die Gerichte müssen in einem solchen Fall eine dennoch erfolgte Enteignung für rechtswidrig erklären; sie können jedoch unter keinen Umständen eine Entschädigung nach Art. 14 Abs. 3 GG gewähren. Die Entscheidung über die Höhe und Art einer Entschädigung liegt nämlich allein beim jeweils zuständigen parlamentarischen Gesetzgeber.

Verfassungswidrig ist das Gesetz auch dann, wenn eine Junktimklausel zwar vorhanden ist, diese jedoch den Bestimmtheitsanforderungen des Art. 14 Abs. 3 S. 2 GG nicht genügt. Dies betrifft vor allem die sog. **salvatorischen Entschädigungsklauseln**, die sich in älteren Gesetzen

---

[254] BVerfGE 24, 367.
[255] *Zippelius/Würtenberger*, Deutsches Staatsrecht, S. 286.

regelmäßig fanden und sich aus dem damaligen materiellen Enteignungsbegriff der Rechtsprechung ergaben.[256]

Beispiel einer solchen Klausel: „Stellen Maßnahmen aufgrund dieses Gesetzes eine Enteignung dar, ist eine angemessene Entschädigung in Geld zu leisten."

Im Einzelfall ist die jeweilige Junktimklausel also darauf zu untersuchen, ob sich sowohl die Art als auch die Höhe der zu gewährenden Entschädigung unmittelbar aus dieser ergeben.

c) Zum Wohle der Allgemeinheit

aa) Allgemeine Grundsätze

Nach Art. 14 Abs. 3 S. 1 GG ist eine Enteignung nur **zum Wohle der Allgemeinheit** zulässig. Fiskalische Interessen allein genügen diesem Erfordernis nicht.[257] Im Übrigen ist der Begriff des Allgemeinwohls vergleichsweise offen; ob eine Enteignung dem Allgemeinwohl dient, bestimmt insoweit zunächst einmal der Gesetzgeber selbst, der dabei jedoch verfassungsrechtliche Wertungen zu berücksichtigen hat.[258] Sofern die Enteignung der Verwirklichung öffentlicher Projekte dient und das Eigentum auf die öffentliche Hand übertragen wird, lässt sich ein Gemeinwohlbezug daher regelmäßig nicht verneinen.

Beispiel: Enteignung eines Grundstückseigentümers, um dort eine öffentliche Straße bauen zu können.

Fraglich ist demgegenüber, ob Art. 14 Abs. 3 S. 1 GG auch eine **Enteignung zugunsten Privater** zulässt. Unproblematisch unzulässig ist jedenfalls eine Enteignung sofern diese allein bestehenden Privatinteressen dient.[259] Auf der anderen Seite kann für den Gemeinwohlbezug nicht die Person

---

[256] *Maurer*, Allgemeines Verwaltungsrecht, § 27 Rn 63.
[257] BVerfG NJW 1999, 1176; *Baldus/Grzeszick/Wienhues*, Staatshaftungsrecht Rn 288.
[258] *Maurer*, Allgemeines Verwaltungsrecht, § 27 Rn 57.
[259] *Baldus/Grzeszick/Wienhues*, Staatshaftungsrecht Rn 288; *Zippelius/Würtenberger*, Deutsches Staatsrecht, S. 285.

des Begünstigten, sondern allein der mit der Enteignung verfolgte Zweck entscheidend sein.[260] Es ist daher auch vom BVerfG anerkannt, dass eine Enteignung zugunsten Privater jedenfalls dann zulässig ist, wenn diese durch das Allgemeinwohl gefordert ist.[261] Dies ist etwa dann der Fall, sofern dem begünstigten Unternehmen durch Gesetz oder aufgrund eines Gesetzes die Erfüllung einer dem Gemeinwohl dienenden Aufgabe zugewiesen und zudem sichergestellt ist, dass es zum Nutzen der Allgemeinheit geführt wird.

So verhält es sich z.B. bei einem privaten Energieversorgungsunternehmen, welches die Gemeinde mit Strom versorgt.

In solchen Fällen der **gemeindlichen Daseinsvorsorge** liegt ein unmittelbarer Bezug zum Gemeinwohl vor, so dass Enteignungen zugunsten solcher Betriebe und Unternehmen im Ergebnis keinen Bedenken unterliegen. Fraglich ist jedoch, ob dies auch dann der Fall ist, wenn die jeweilige Enteignung allenfalls einen mittelbaren Nutzen für das Allgemeinwohl bewirkt. So verhält es sich regelmäßig dann, wenn Unternehmen begünstigt werden sollen, deren Unternehmenszwecke sich nicht der Daseinsvorsorge zuordnen lassen. Die Enteignung erfolgt in solchen Fällen regelmäßig zur Förderung der Wirtschaftsverhältnisse, **um bestehende Arbeitsplätze zu sichern** bzw. neue zu schaffen. *Detterbeck/Windthorst/Sproll* lassen einen solchen mittelbaren Bezug jedenfalls dann ausreichen, wenn dieser von nachhaltigem Gewicht ist, was bei strukturpolitischen Maßnahmen (Arbeitsplatzsicherung) durchaus der Fall sein kann.[262] Allerdings sind dann nach Ansicht des BVerfG an das jeweilige Enteignungsgesetz erhöhte Anforderungen zu stellen:[263]

- Dieses muss zunächst den Enteignungszweck möglichst genau umschreiben.

---

[260] *Detterbeck/Windthorst/Sproll*, Staatshaftungsrecht, § 16 Rn 130.
[261] BVerfGE 66, 248; *Maurer*, Allgemeines Verwaltungsrecht, § 27 Rn 60.
[262] *Detterbeck/Windthorst/Sproll*, Staatshaftungsrecht, § 16 Rn 132.
[263] BVerfGE 74, 264.

- Die Voraussetzungen der Enteignung und das Verfahren zur Ermittlung derselben müssen präzise festgelegt sein.
- Zuletzt müssen ausreichende Vorkehrungen geschaffen werden, damit der mit der Enteignung verfolgte Zweck **tatsächlich und dauerhaft** erreicht wird. Denn Private sind grds. nicht verpflichtet, ihr Handeln an der Erzielung dieses Zwecks (dauerhaft) auszurichten.

bb) Exkurs: Rückübertragungsanspruch?

Fraglich ist, was mit dem enteigneten Vermögenswert geschieht, wenn das geplante (öffentliche) Projekt letztlich nicht durchgeführt wird.

Beispiel: Ein bereits enteignetes Grundstück wird für den Bau einer Straße aufgrund neuer Planungen nicht mehr gebraucht.

Die Enteignung erfolgte vor dem Hintergrund der zu diesem Zeitpunkt maßgeblichen Planungen rechtmäßig. Regelmäßig wird auch bereits die Entschädigung gezahlt worden sein. Gleichwohl geht das BVerfG zu Recht davon aus, dass im Falle einer Nichtrealisierung des mit der Enteignung angestrebten Vorhabens die aus Art. 14 Abs. 3 GG herzuleitende Legitimation für den Zugriff auf das Privateigentum und der **Rechtsgrund für den Eigentumserwerb** durch die öffentliche Hand **entfällt**.[264] Damit entfaltet die Garantie des Art. 14 Abs. 1 S. 1 GG wieder ihre ursprüngliche Schutzfunktion, die auf Bestandsschutz und nicht auf Vermögensschutz zielt. Der Betroffene hat daher unmittelbar aus Art. 14 Abs. 1 S. 1 GG einen Anspruch auf Rückübertragung des Eigentums.

In zahlreichen Enteignungsgesetzen finden sich mittlerweile einfachgesetzliche Konkretisierungen dieses Anspruchs.

Bisher noch nicht vom BVerfG entschieden ist demgegenüber die Konstellation, in denen das enteignete Vermögens-

---

[264] BVerfGE 38, 179.

recht zumindest zeitweise dem Enteignungszweck entsprechend genutzt wird, dieser Zweck jedoch anschließend wegfällt. Aufgrund der vom BVerfG besonders **betonten Bestandsgarantie** des Art. 14 Abs. 1 S. 1 GG und dem engen Zusammenhang zwischen der Enteignung und dem jeweiligen Gemeinwohlzweck, spricht vieles dafür, auch in dieser Konstellation einen Rückübereignungsanspruch des ursprünglichen Eigentümers unmittelbar aus Art. 14 Abs. 1 S. 1 GG zu bejahen.[265] Einen solchen Anspruch wird man jedoch aufgrund der sich stetig verfestigenden neuen Eigentumsordnung zeitlich begrenzen müssen. Jedenfalls im Falle von Grundstücksrechten bietet sich hier eine Verjährungsfrist von 30 Jahren ab der erfolgten rechtmäßigen Enteignung an.

Problematisch ist in diesen Fällen auch die Frage **Höhe der vom ursprünglichen Eigentümer zu leistenden Rückenteignungsentschädigung.** Fraglich ist hier vor allem, ob der Alteigentümer verpflichtet sein kann, den aktuellen Verkehrswert des Grundstückes zu zahlen. Eine solche Regelung hätte zur Konsequenz, dass der Rückübereignungsanspruch oftmals nicht durchgesetzt werden könnte (aufgrund des regelmäßig gestiegenen Verkehrswerts). Einige Gerichte haben die Höhe der Rückübertragungsentschädigung dennoch nach der Höhe des aktuellen Verkehrswerts bestimmt.[266] Diese Ansicht ist jedoch abzulehnen. Denn es handelt sich bei der Rückübereignung keineswegs um eine erneute Enteignung, sondern um die Wiederherstellung des ursprünglichen Eigentumszustandes, die ihre Grundlage in der Bestandsgarantie des Art. 14 Abs. 1 S. 1 GG findet.[267] Es geht also allein um die **Rückabwicklung einer zuvor erfolgten Enteignung.** Ohne diese Enteignung wäre aber der ursprüngliche Eigentümer auch in den Genuss der ohne sein Zutun erfolgten Verkehrswertsteigerung gekommen. Diese Werterhöhungen können nun nicht dem Enteignungsbegünstigten zufließen. Denn das Eigentum an dem jeweiligen Gegenstand wurde diesem nur zur Erfüllung des jeweiligen öffentlichen Zwecks und keineswegs zur allgemeinen Vermögensmehrung übertragen. Schon gar nicht sollten dadurch sämtliche mit dem Eigentum verbundenen Wertsteigerungen dessen Vermögen zufließen. Zu berücksichtigen sind daher allenfalls solche Wertsteigerungen, die der Enteignungsberechtigte selbstständig veranlasst hat. Auch hier kann sich jedoch nach den Grundsätzen der aufgedrängten Bereicherung m.E. eine andere Bewertung ergeben. Jeden-

---

[265] *Detterbeck/Windthorst/Sproll*, Staatshaftungsrecht, § 16 Rn 177 ff.
[266] So etwa OLG Köln NJW 1996, 2799.
[267] *Detterbeck/Windthorst/Sproll*, Staatshaftungsrecht, § 16 Rn 183.

falls im Grundsatz richtet sich die zu zahlende Rückübereignungsentschädigung daher nach der bei der ersten Enteignung gezahlten Entschädigung, die freilich nach allgemeinen Regeln zu verzinsen ist.

d) Verhältnismäßigkeit

Nach den allgemeinen Grundsätzen muss die Enteignung dem **Grundsatz der Verhältnismäßigkeit** genügen.[268] Dies gilt sowohl für das Enteignungsgesetz sowie die regelmäßig notwendige konkrete Enteignungsentscheidung der Verwaltung.

2. Art und Umfang der Entschädigung

Liegt eine nach diesen Maßstäben rechtmäßige Enteignung vor, hat der Betroffene einen **Anspruch auf Entschädigung**. Es handelt sich also nicht um einen Schadensersatzanspruch, bei dem der Einzelne so zu stellen wäre, wie er stünde, wenn die Enteignung nicht vorgenommen worden wäre. Vielmehr sind die Art und die Höhe der Entschädigung vom Gesetzgeber allein unter gerechter Abwägung der Interessen der Allgemeinheit und der beteiligten Personen zu bestimmen. **Regelmäßig** wird vom Gesetzgeber dabei eine **Entschädigung in Geld** vorgesehen. Gerade im Falle von Grundstücksenteignungen ist aber auch die Stellung von Ersatzland eine mögliche Entschädigungsform.[269]

Im Grundsatz soll die Entschädigung den erlittenen Vermögensverlust vollständig ausgleichen. Auszugehen ist daher bei der Frage der Höhe der Entschädigung vom vollen Verkehrswert.

Zur Ermittlung des Verkehrswerts bei Grundstücken kann regelmäßig auf die **Wertermittlungsverordnung** zurückgegriffen werden.[270]

Maßgeblich ist damit prinzipiell der Preis, der auch im normalen geschäftlichen Verkehr für den jeweiligen Gegenstand erzielt werden könnte (**Marktpreis**). In begründeten

---

[268] *Maurer*, Allgemeines Verwaltungsrecht, § 27 Rn 58.
[269] *Maurer*, Allgemeines Verwaltungsrecht, § 27 Rn 66.
[270] *Baldus/Grzeszick/Wienhues*, Staatshaftungsrecht Rn 301.

Ausnahmefällen kann die Entschädigung jedoch auch einmal unterhalb des Verkehrswertes liegen.[271]

Abzulehnen ist demgegenüber die Ansicht, wonach die Sozialbindung nach Art. 14 Abs. 2 GG zu einer Anspruchsminderung beim betroffenen Eigentümer führen kann. Enteignung und Sozialbindung sind vielmehr streng voneinander zu unterscheidende Rechtsinstitute.[272]

Nach Ansicht des BGH sind darüber hinaus auch **unmittelbare Folgekosten** zu ersetzen. Dies betrifft etwa Umzugskosten oder die Kosten für eine Betriebsverlegung.

Demgegenüber sollen bloß **mittelbare Folgekosten nicht umfasst** sein. Die Abgrenzung „unmittelbar/mittelbar" ist freilich alles andere als genau und bedeutet letztlich nichts anderes „als das Eingeständnis, ein brauchbares Abgrenzungskriterium (noch) nicht gefunden zu haben".[273] Dementsprechend lassen sich hier keine generalisierenden Aussagen machen. In einer Klausur bedarf es insofern eigener Argumentation, ob es sich noch um unmittelbare oder schon um mittelbare Folgekosten handelt. Nicht umfasst ist jedenfalls entgangener Gewinn. Andernfalls würde wohl die Schwelle zum „normalen" Schadensersatz übertreten – ein Schritt, den der BGH offenkundig (noch) nicht gehen will. Kritisch *Ossenbühl/Cornils*, Staatshaftungsrecht, S. 254.

Entschädigungsverpflichteter ist stets derjenige Verwaltungsträger, der durch die konkrete Enteignung begünstigt wird. Sofern eine Enteignung zugunsten eines Privaten vorliegt, so ist dieser entschädigungspflichtig. Sind mehrere Personen begünstigt, so haften sie als Gesamtschuldner im Sinne des § 426 BGB.

3. Rechtsweg und Verjährung

Nach Art. 14 Abs. 3 S. 3 GG ist für Streitigkeiten hinsichtlich der **Höhe** der Enteignungsentschädigung **der ordentliche Rechtsweg** eröffnet. Über die Anspruchshöhe können die Zivilgerichte jedoch nur dann entscheiden, wenn sie auch prüfen, ob überhaupt ein Anspruchsgrund vorliegt. Sie über-

---

[271] Siehe dazu etwa BVerfGE 24, 367, wo es um die Enteignung wirtschaftlich relativ wertloser Deichgrundstücke ging sowie *Zippelius/Würtenberger*, Deutsches Staatsrecht, S. 286.

[272] Wie hier *Maurer*, Allgemeines Verwaltungsrecht, § 27 Rn 69. Anders aber wohl *Baldus/Grzeszick/Wienhues*, Staatshaftungsrecht Rn 304.

[273] *Ossenbühl/Cornils*, Staatshaftungsrecht, S. 254.

prüfen daher auch, ob im konkreten Fall überhaupt eine Enteignung vorliegt. Demgegenüber überprüfen sie wohl nicht die Frage der Rechtmäßigkeit der jeweiligen Enteignung. Solche Enteignungsstreitigkeiten sind vielmehr als öffentlich-rechtliche Streitigkeiten den Verwaltungsgerichten zugewiesen.[274]

Achtung: Fehlt es an einem hinreichend bestimmten Enteignungsgesetz, können die Zivilgerichte unter keinen Umständen eine Entschädigung zusprechen. Der Einzelne muss dann gegen die erfolgte Enteignung vor den Verwaltungsgerichten vorgehen.

Hinsichtlich der **Verjährung des Entschädigungsaspruchs** wird von der überwiegenden Literatur eine analoge Anwendung der §§ 195 ff. BGB befürwortet. Die regelmäßige Verjährungsfrist beträgt damit drei Jahre.[275]

---

[274] *Baldus/Grzeszick/Wienhues*, Staatshaftungsrecht Rn 312 ff.
[275] *Detterbeck*, Allgemeines Verwaltungsrecht Rn 1130.

Prüfungsschema zur Enteignungsentschädigung

1. Vorliegen einer Enteignung

Voraussetzung ist ein gezielter hoheitlicher Eingriff zum Zwecke der vollständigen oder teilweisen Entziehung einer konkreten Rechtsposition. An dieser Stelle ist das Handeln regelmäßig von einer Inhalts- und Schrankenbestimmung abzugrenzen.

2. Zum Wohle der Allgemeinheit

Rein fiskalische Interessen genügen nicht. Im Übrigen besteht ein großer Spielraum des Hoheitsträgers. Auch eine Enteignung zugunsten Privater ist – vor allem im Bereich der Daseinsvorsorge – nicht ausgeschlossen. Denkbar ist eine Enteignung zugunsten Privater aber auch zur Sicherung regionaler Arbeitsplätze.

3. Rechtmäßigkeit der Enteignung im Übrigen

Die Enteignung muss auch im Übrigen rechtmäßig sein. Zu denken ist hier vor allem an den Gesetzesvorbehalt und die Verhältnismäßigkeit des Eingriffs. Ansonsten kann keine Entschädigung gezahlt werden – also **kein „dulde und liqudiere"**. Vielmehr muss der Betroffene dann gegen die Enteignungsmaßnahme selbst vorgehen.

4. Rechtmäßige Entschädigungsregelung

Erforderlich ist eine rechtmäßige gesetzliche Entschädigungsregelung, sog. **Junktimklausel**. Ungenügend sind dabei bloße salvatorische Entschädigungsregelungen.

5. Art und Umfang der Entschädigung

Regelmäßig Entschädigung (kein Schadensersatz!) in Geld. Möglich sind jedoch auch andere Entschädigungsregelungen (etwa Bereitstellung eines Ersatzgrundstücks). Grundsätzlich besteht ein Anspruch auf vollen Wertersatz.

6. Rechtsweg

Hinsichtlich der Höhe der Entschädigung ist der **Zivilrechtsweg** eröffnet (Art. 14 Abs. 3 S. 3 GG). Sofern es um die Enteignung selbst geht, sind die Verwaltungsgerichte zuständig.

IV. Die ausgleichspflichtige Inhalts- und Schrankenbestimmung

1. Überblick

Nach den obigen Ausführungen obliegt es dem Gesetzgeber die Eigentumsordnung im Rahmen der Vorgaben des Art. 14 GG auszugestalten. Sofern er dies durch **abstrakt-generelle Regelungen** tut, liegt jedenfalls **keine Enteignung** vor, so dass eine Entschädigung auf der Grundlage des Art. 14 Abs. 3 GG ausgeschlossen ist. Und auch im Übrigen muss der Einzelne solche Ausgestaltungen regelmäßig entschädigungslos hinnehmen.[276]

Auch solche abstrakt-generellen Ausgestaltungen können jedoch im **Einzelfall zu unverhältnismäßigen Belastungen** führen. Einen Ausgleichsanspruch in Geld erhält der in dieser Form Belastete allerdings zunächst einmal nicht – die frühere Praxis der Zivilgerichte, in solchen Fällen einen Entschädigungsanspruch aus Art. 14 Abs. 3 GG analog herzuleiten, die Regelung im Übrigen aber bestehen zu lassen, hat das BVerfG für unzulässig erklärt. Die Ausgestaltungsregelung ist aufgrund der unverhältnismäßigen Belastung vielmehr insgesamt als verfassungswidrig und damit nichtig anzusehen – eine aus der Perspektive des Gesetzgebers natürlich eher unbefriedigende Konsequenz. Jedoch anerkennt das BVerfG seit der sog. **Pflichtexemplar-Entscheidung**[277] zumindest die Möglichkeit des Gesetzgebers, die unverhältnismäßige Belastung durch die Gewährung eines *gesetzlich* vorgesehenen Ausgleichs abzufangen.[278] In solchen Fällen ergibt sich der Ausgleichsanspruch dann unmittelbar aus der gesetzlichen Regelung (sog. **ausgleichspflichtige Inhalts- und Schrankenbestimmung**).[279]

Fallbeispiel dazu bei *Reffken/Thiele*, Standardfälle Staatsrecht II, Fall 10 sowie bei *Degenhart*, Klausurenkurs im Staatsrecht, Fall 5.

---

[276] *Maurer*, Allgemeines Verwaltungsrecht, § 27 Rn 79.
[277] BVerfGE 58, 137.
[278] *Maurer*, Allgemeines Verwaltungsrecht, § 27 Rn 79.
[279] *Katz*, Staatsrecht Rn 822.

114

2. Anforderungen an die Ausgleichsregelung

Aus Art. 14 Abs. 1 GG leitet das BVerfG spezifische Anforderungen ab, denen eine solche gesetzliche Ausgleichsregelung genügen muss. Werden diese Voraussetzungen nicht erfüllt, kommt ein Ausgleichsanspruch mithin nicht in Betracht. Vielmehr bleibt es dann dabei, dass die Ausgestaltungsregelung verfassungswidrig, weil unverhältnismäßig ist.

Im Einzelnen muss eine Ausgleichsregelung **folgende Voraussetzungen** erfüllen:

- Die Ausgleichsregelung darf sich **nur auf Ausnahmefälle** beziehen. Die Ausgleichs- und Schrankenbestimmung muss folglich im Grundsatz auch ohne Ausgleichsregelung den Anforderungen des Art. 14 Abs. 1 GG genügen.

- Bei der Ausgestaltung der Ausgleichsregelung gilt der Grundsatz des **Vorrangs des Bestandsschutzes vor dem Wertausgleich**.[280] Die Entschädigung stellt also das grundsätzlich letzte Mittel dar. Primär muss sich der Gesetzgeber um andere Lösungen bemühen. Zu denken ist hier vor allem an besondere Ausnahmebestimmungen, um so eine unverhältnismäßige Belastung des Eigentümers real abzuwenden.

- Die gesetzlichen Regelungen müssen die **Art und das Ausmaß** der zu gewährenden Entschädigung hinreichend bestimmt **selbstständig festlegen.** Nur so wird dem Budgetrecht des Parlaments ausreichend Rechnung getragen.

- In einer jüngeren Entscheidung hat das BVerfG zudem festgestellt, dass bereits der Gesetzgeber den Eigentumsschutz auch **verwaltungsverfahrensrechtlich** hinreichend **absichern** muss.[281] Die gesetzliche Ausgleichsregelung ist daher um verfah-

---

[280] *Baldus/Grzeszick/Wienhues*, Staatshaftungsrecht Rn 322 f.
[281] BVerfGE 100, 226.

rensrechtliche Vorschriften zu ergänzen, die sicherstellen, dass mit dem das Eigentum beschränkenden Akt gleichzeitig über den zu gewährenden Ausgleich entschieden wird.

Umstritten war in diesem Zusammenhang, ob die sogenannten **salvatorischen Entschädigungsklauseln** nunmehr die Grundlage für einen entsprechenden Ausgleichsanspruch sein können. Diese Regelungen, die eine Entschädigung für den Fall vorsahen, dass ein Gesetz ausnahmsweise enteignenden Charakter hat, beruhten auf dem jetzt überholten materiellen Enteignungsbegriff. Sowohl der **BGH** als auch das **BVerwG** gingen aber in ihrer Rechtsprechung davon aus, dass diese Klauseln nun zumindest eine ausreichende Rechtsgrundlage für eine Entschädigung darstellen, sofern eine Inhalts- und Schrankenbestimmung ausnahmsweise einen unverhältnismäßigen Eingriff darstellen sollte.[282] Für diese Ansicht ließen sich einige Argumente ins Feld führen. Zum einen bringen auch diese Klauseln nämlich zum Ausdruck, dass der Gesetzgeber in Härtefällen einen Ausgleich in Geld und keinen Verzicht auf den bewirkten Eingriff möchte. Es hat also auf Seiten des Gesetzgebers eine gewisse Abwägung der Möglichkeiten stattgefunden. Es handelt sich folglich nicht um reine „Leerformeln".[283] Zudem wäre der Gesetzgeber unter Umständen zum Erlass von „Paragraphenungeheuern"[284] gezwungen, müsste er stets alle möglichen Härtefälle en détail bereits im Gesetz selbst regeln.

Das **BVerfG** hat jedoch mit der zuletzt genannten verwaltungsverfahrensrechtlichen Anforderung (s.o.), den salvatorischen Klauseln wohl eine Absage erteilt – sie enthalten eben keinerlei verwaltungsverfahrensrechtliche Regelungen.

---

[282] Siehe etwa BGHZ 126, 379; BVerwGE 94, 1.
[283] *Maurer*, Allgemeines Verwaltungsrecht, § 27 Rn 83.
[284] *Detterbeck/Windthorst/Sproll*, Staatshaftungsrecht, § 15 Rn 35.

Diese Klauseln stellen damit jedenfalls in zukünftigen Gesetzen keine taugliche Ausgleichsregelung dar, die die Verfassungswidrigkeit einer unverhältnismäßigen Belastung
auffangen könnte.

Der **BGH** hat jedoch festgehalten, dass salvatorische Klauseln weiterhin
eine ausreichende Grundlage für einen Ausgleichsanspruch darstellen,
sofern es sich um „Altfälle" handelt, also solche, die sich auf Gesetze
stützen, die vor der genannten BVerfG-Entscheidung ergangen sind.[285]

Auch die **Höhe des Ausgleichs** muss der Gesetzgeber
selbst regeln. Dabei ist der Gesetzgeber allein dazu verpflichtet, die Belastung auszugleichen, die sich im Ergebnis
als unzumutbar darstellt. Demgegenüber muss der Einzelne
zumutbare Belastungen grundsätzlich weiterhin entschädigungslos hinnehmen. Es genügt folglich, wenn die Aus-
gleichszahlung die Belastung auf dieses zumutbare Maß
zurückführt. Verfassungsrechtlich ist mithin kein voller Wertausgleich gefordert. Selbstverständlich hat der Gesetzgeber
jedoch die Möglichkeit, über diese verfassungsrechtlichen
Vorgaben hinauszugehen und einen vollen Wertausgleich
vorzusehen.[286]

3. Rechtsweg

Nach **§ 40 Abs. 2 S. 1 VwGO** sind entsprechende Ansprüche vor den Verwaltungsgerichten geltend zu machen.

---

[285] BGHZ 146, 122.
[286] Vgl. *Maurer*, Allgemeines Verwaltungsrecht, § 27 Rn 85.

V. Der enteignungsgleiche Eingriff

1. Überblick und Rechtsgrundlage

Neben der formellen Enteignung und den ausgleichspflichtigen Schranken- und Inhaltsbestimmungen sind weitere (rechtswidrige) öffentlich-rechtliche Eingriffe in das Eigentum denkbar, bei denen sich die Frage nach einer Entschädigung stellt.

Beispiel: Aufgrund einer fehlerhaften Ampelschaltung („feindliches Grün") kommt es zu einem Unfall mit erheblichen Sachschäden.

In der **früheren Rechtsprechung** wurden diese Eingriffe unter den damaligen **materiellen Enteignungsbegriff** subsumiert.[287] Das in diesem Zusammenhang erforderliche Sonderopfer, welches das „Umschlagen" in eine „Enteignung" bewirkte, wurde mit der Rechtswidrigkeit des erfolgten Eingriffs begründet. Entschädigungsansprüche des Einzelnen ergaben sich dann aus Art. 14 Abs. 3 GG in analoger Anwendung. Durch den **Naßauskiesungsbeschluss** des BVerfG war diese Rechtsprechung jedoch nicht mehr haltbar. Eine Enteignungsentschädigung kommt nur noch im Falle einer rechtmäßigen Enteignung in Betracht, wobei die Enteignung selbst formell zu bestimmen ist (s.o.). Ohne gesetzliche Regelung ist zudem eine Entschädigung aufgrund der **Haushaltsprärogative des Parlaments** regelmäßig nicht möglich. Im Falle rechtswidriger Eingriffe muss sich der Einzelne vielmehr gegen die Maßnahme an sich wenden, kann jedoch im Grundsatz keine Entschädigung verlangen (**Vorrang des Primärrechtsschutzes**).[288]

Das obige Beispiel macht jedoch deutlich, dass es Konstellationen geben kann, bei denen ein solcher Primärrechtsschutz gegen den Eingriff schlicht nicht möglich ist. Der Betroffene bemerkt die fehlerhafte Ampelschaltung erst in dem Moment, in dem sich der Schaden bereits realisiert hat. Der BGH hat aus diesem Grund zu Recht an dem Institut des

---

[287] Siehe etwa BGHZ 6, 270.
[288] Siehe auch *Zippelius/Würtenberger*, Deutsches Staatsrecht, S. 289.

sog. enteignungsgleichen Eingriffs festgehalten. Gestützt wird dieser Anspruch jedoch nunmehr nicht mehr auf Art. 14 Abs. 3 GG, sondern auf den allgemeinen Aufopferungsgedanken der §§ 74, 75 Einl. PrALR (s.o.) in seiner richterrechtlich geprägten Ausformung.[289] Neben der Änderung der Rechtsgrundlage waren dabei auch die weiteren Vorgaben des BVerfG – nicht zuletzt der beschriebene Vorrang des Primärrechtsschutzes – in die Ausgestaltung dieses Anspruchs aufzunehmen. In seiner jetzigen Form ist der enteignungsgleiche Eingriff auch **gewohnheitsrechtlich anerkannt.**[290] Auch das BVerfG hat ihn nunmehr akzeptiert.

Hinweis: In einer Klausur müssen Sie kurz einige Worte zu der Rechtsgrundlage des Anspruchs verlieren. Dazu genügt es zu erwähnen, dass der Anspruch in Folge des Naßauskiesungsbeschlusses des BVerfG nun nicht mehr auf Art. 14 Abs. 3 GG gestützt werden kann und der BGH daher auf §§ 74, 75 Einl. PrALR zurückgreift. In Hausarbeiten kann es auch einmal nötig sein, kurz darzustellen, dass der enteignungsgleiche Eingriff überhaupt fortbestehen kann.

Teilweise ist der enteignungsgleiche Eingriff **spezialgesetzlich** geregelt worden. Insbesondere in den Polizeigesetzen der Länder finden sich entsprechende Anspruchsgrundlagen. Sofern diese Normen greifen, tritt der allgemeine enteignungsgleiche Entschädigungsanspruch subsidiär zurück.

2. Anspruchsvoraussetzungen

Der Anspruch aus enteignungsgleichem Eingriff setzt einen durch öffentliches Handeln (a) bewirkten unmittelbaren (c) und rechtswidrigen (d) Eingriff (b) in Eigentumsrechte voraus. Mitverschulden (e) kann den Anspruch kürzen oder gar vollständig entfallen lassen.

a) Öffentlich-rechtliches Handeln

Voraussetzung eines enteignungsgleichen Eingriffs ist öffentlich-rechtliches Handeln. Sofern der Staat privatrechtlich agieren sollte, scheidet ein entsprechender Anspruch folg-

---

[289] BGHZ 90, 17.
[290] Siehe *Detterbeck*, Allgemeines Verwaltungsrecht Rn 1135.

lich aus. Ein finales, auf einen Eingriff gerichtetes Handeln wird nicht verlangt.[291] Allerdings muss sich der Eingriff als eine unmittelbare Folge des staatlichen Handelns präsentieren (siehe unter c).

Im Grundsatz kann **jede Form staatlichen Handelns** im Falle der Rechtswidrigkeit zu einem Anspruch aus enteignungsgleichem Eingriff führen. Auch ein **Unterlassen** kann folglich einen entsprechenden „Eingriff" darstellen, sofern die Behörde zu einem Tätigwerden verpflichtet war.[292]

Es muss sich zudem nicht zwingend um Rechtsakte handeln; auch rechtswidrige Realakte können eine Entschädigungspflicht nach sich ziehen.[293] Tatsächlich wird dies sogar vergleichsweise häufig der Fall sein, da gerade bei Realakten eine vorherige gerichtliche Abwendung des Schadens nicht möglich sein wird.

Beispiele für erfasstes Handeln: Rechtswidriger Nichterlass einer beantragten Baugenehmigung; fehlerhafte Ampelschaltung oder Verkehrsbeschilderung; Beeinträchtigung eines Betriebes durch rechtswidrige Straßenbauarbeiten; Beschädigung eines Hauses durch einen von der Straße abkommenden Schützenpanzer.

Nach der Rechtsprechung ist ein Anspruch jedoch im Falle **legislativen Unrechts ausgeschlossen**. Verfassungswidrige formelle Gesetze sowie solche Vollzugsakte, deren Rechtswidrigkeit allein auf einem verfassungswidrigen formellen Gesetz beruht (**sog. Fehleridentität**),[294] begründen danach keine Entschädigungspflicht.[295] Zur Begründung verweist der BGH auf die **Haushaltsprärogative des Parlaments** und die nicht absehbaren Folgen für die Staatsfinanzen.[296] Im Ergebnis sei die Regelung einer solchen Entschä-

---

[291] *Detterbeck*, Allgemeines Verwaltungsrecht Rn 1141.
[292] Dies ist allerdings umstritten. Der BGH sieht einen Anspruch nur dann als möglich an, wenn ein sog. **qualifiziertes Unterlassen** vorliegt. Siehe dazu auch *Maurer*, Allgemeines Verwaltungsrecht, § 27 Rn 92.
[293] *Maurer*, Allgemeines Verwaltungsrecht, § 27 Rn 90.
[294] *Detterbeck*, Allgemeines Verwaltungsrecht Rn 1148.
[295] Siehe dazu etwa BGHZ 100, 136; 102, 350; 125, 27.
[296] Teilweise wird darauf verwiesen, dass durch einen solchen Anspruch der „**Flächenbrand der Staatsfinanzen**" drohe (*Schwerdtfeger*, Öffentliches

digungspflicht daher dem Gesetzgeber selbst vorbehalten. Eine allein richterrechtliche Anerkennung eines solchen Anspruchs würde indes die Grenzen richterlicher Rechtsfortbildung überschreiten.

Die Ansicht des BGH ist in der Literatur nicht unumstritten.[297] Im Rahmen einer Klausur genügt es jedoch, sich der Begründung des BGH anzuschließen und einen Anspruch abzulehnen. Etwas anderes gilt freilich in Haus- und Seminararbeiten.

Achtung: Der Ausschluss der Haftung gilt **nur für verfassungswidrige formelle Gesetze**.[298] Er gilt also nicht für Rechtsverordnungen oder Satzungen, obwohl auch in diesen Fällen eine erhebliche Belastung der Staatshaushalte möglich ist.

b) Eingriff in Eigentumsrechte

Das öffentlich-rechtliche Handeln muss zu einem **Eingriff in Eigentumsrechte** des Betroffenen führen. Im Rahmen einer Klausur ist damit an dieser Stelle der verfassungsrechtliche Eigentumsbegriff herauszuarbeiten. Dieser wurde allgemein bereits oben erläutert.

Siehe hierzu auch die beim Amtshaftungsanspruch angesprochene Entscheidung des BGH (Az.: III ZR 302/05). Hier kam es zu Verzögerungen bei der Eintragung mehrerer Vormerkungen. Der betroffene Bauträger wurde aufgrund dieser Verzögerungen insolvent. Der BGH bejahte neben einem Anspruch aus Amtshaftung auch die Voraussetzungen des enteignungsgleichen Eingriffs. Dabei liegt für den BGH wohl ein Eingriff in den ausgeübten und eingerichteten Gewerbebetrieb vor. Jedenfalls dessen Bestand ist nach allen Auffassungen geschützt (s.o) und dieser ist aufgrund der Insolvenz hier auch betroffen.

c) Unmittelbarkeit

Um die Haftung des Staates nicht zu weit auszudehnen, verlangt der BGH, dass sich der bewirkte Eingriff als eine

---

Recht in der Fallbearbeitung Rn 355, 356). Skeptisch zu diesem Argument aber *Maurer*, Allgemeines Verwaltungsrecht, § 27 Rn 91.

[297] Siehe dazu *Schenke*, NJW 1988, 857; *Fetzer*, Die Haftung des Staates für legislatives Unrecht, S. 122 ff.; *Maurer*, Allgemeines Verwaltungsrecht, § 27 Rn 91; *Detterbeck*, Allgemeines Verwaltungsrecht Rn 1150 ff.

[298] *Sodan/Ziekow*, Grundkurs Öffentliches Recht, § 87 Rn 12.

unmittelbare Folge des staatlichen Handelns darstellt. Entscheidend ist, dass die Beeinträchtigung des Eigentums auch tatsächlich **dem Staat zugerechnet** werden kann; schlichte Kausalität genügt nicht. Erforderlich ist dabei keine strenge (formelle) Unmittelbarkeit in dem Sinne, dass sich keinerlei weiteren Zwischenakte zwischen das staatliche Handeln und die Beeinträchtigung stellen dürfen.[299] Maßgeblich ist vielmehr eine **wertende Zurechnung**, wonach sich die in dem öffentlich-rechtlichen Handeln angelegten typischen Gefahren bei der Beeinträchtigung realisiert haben müssen.[300] Es geht also letztlich um eine Abgrenzung von Risikosphären; es darf sich **nicht lediglich um atypische oder zufällige Begleiterscheinungen** handeln.

Im Falle einer **fehlerhaften Ampelschaltung** wird die Schädigung der Fahrzeuge formal betrachtet erst durch den Entschluss der Fahrzeugführer hervorgerufen, bei Grün tatsächlich loszufahren. Mit dieser Begründung wurde eine Haftung des Staates daher mangels Unmittelbarkeit des Eingriffs zunächst abgelehnt.[301] Mittlerweile hat sich aber zu Recht die Ansicht durchgesetzt, die eine Unmittelbarkeit und damit auch eine Haftung annimmt.[302] Denn bei dem Entschluss der Fahrzeugführer handelt es sich um eine typische, mit einer Ampelschaltung verbundene Gefahr. Die Ampelschaltung selbst verfolgt ja gerade den Zweck, den Verkehr zu regeln, indem sie vorschreibt, wer wann fahren darf und den Verkehr entsprechend frei gibt (vgl. § 37 Abs. 2 S. 3 StVO). Tatsächlich ist der Straßenverkehrsteilnehmer daher auch grds. verpflichtet, bei grüner Ampel die Kreuzung zügig zu überqueren. Ist die Ampelschaltung fehlerhaft, müssen gerade solche Schäden damit auch ersatzfähig sein, da sich der Fahrer dazu herausgefordert fühlen durfte, loszufahren. Letztlich handelt es sich bei der Frage der Unmittelbarkeit damit um die Frage des Schutzzwecks der verletzten Norm. Zum „**feindlichen Grün**" siehe auch OLG Karlsruhe, Urteil vom 18.7.2013, 9 U 23/12 mit Anmerkung *Waldhoff*, JuS 2014, 1055.

Im Rahmen einer Klausur ist an dieser Stelle **eigene Argumentation** gefragt. Dabei ist von dem Grundsatz auszugehen, dass der Begründungsaufwand für eine Haftung

---

[299] *Maurer*, Allgemeines Verwaltungsrecht, § 27 Rn 93; *Schwerdtfeger*, Öffentliches Recht in der Fallbearbeitung Rn 352.

[300] *Detterbeck*, Allgemeines Verwaltungsrecht Rn 1143; *Zippelius/Würtenberger*, Deutsches Staatsrecht, S. 289.

[301] BGHZ 54, 332.

[302] BGHZ 99, 249.

des Staates umso höher ist, je mehr eigenverantwortliches Handeln zwischen der staatlichen Tätigkeit und der konkreten Beeinträchtigung liegt.

d) Rechtswidrigkeit der Beeinträchtigung/Sonderopfer

Die Beeinträchtigung des Eigentums muss **rechtswidrig** sein. Für rechtmäßige Eingriffe kommt allenfalls ein Anspruch aus enteignendem Eingriff (siehe sogleich) in Betracht. Die **Rechtswidrigkeit** der Maßnahme **begründet** in diesen Fällen zugleich **das** nach der Rechtsprechung erforderliche spezifische **Sonderopfer** des Einzelnen.[303]

Zu beachten ist aber Folgendes: Sollte die Maßnahme allein formell rechtswidrig, materiell aber rechtmäßig sein, fehlt es trotz der gegebenen Rechtswidrigkeit ausnahmsweise an dem erforderlichen Sonderopfer. Denn das Sonderopfer bemisst sich allein nach dem eingetretenen Erfolg. Bei materieller Rechtmäßigkeit der Maßnahme wird dieser jedoch im Prinzip von der Rechtsordnung anerkannt, so dass eine besondere Belastung des Betroffenen (ein „Sonderopfer") nicht vorliegt.[304]

Schuldhaftes Handeln des Staates ist nicht erforderlich.[305]

e) Mitverschulden (§ 254 BGB analog)

Mitverschulden des Geschädigten kann zu einer Kürzung des Anspruchs oder gar dessen vollständigem Entfallen führen. Im Grundsatz ergeben sich hier keine Besonderheiten. Ein Mitverschulden kommt sowohl bei der Entstehung des ursprünglichen Schadens, als auch bei dessen späteren Entwicklung in Betracht (Schadensminderungspflicht).

Aufgrund des **Naßauskiesungsbeschlusses** des BVerfG obliegt es dem Einzelnen in diesem Zusammenhang im Übrigen, zunächst alle Möglichkeiten auszuschöpfen, um den Eigentumseingriff selbst durch geeignete Rechtsbehelfe

---

[303] BGHZ 32, 208; *Zippelius/Würtenberger*, Deutsches Staatsrecht, S. 290.
[304] BGHZ 58, 124. Dazu auch *Baldus/Grzeszick/Wienhues*, Staatshaftungsrecht Rn 344; *Maurer*, Allgemeines Verwaltungsrecht, § 27 Rn 94; *Detterbeck/Windthorst/Sproll*, Staatshaftungsrecht, § 17 Rn 34.
[305] *Detterbeck/Windthorst/Sproll*, Staatshaftungsrecht, § 17 Rn 34.

abzuwehren. Es gilt also der Grundsatz des **Vorrangs des Primärrechtsschutzes**, den der BGH dogmatisch bei der Frage des Mitverschuldens einordnet. Entgegen der früheren Rechtsprechung besteht folglich **keine Möglichkeit des „dulde und liquidiere"**. Sofern der Betroffene die Ergreifung entsprechender Rechtsbehelfe **schuldhaft unterlässt**, entfällt der Anspruch aus enteignungsgleichem Eingriff. Allerdings kommt ein solcher Anspruchsausschluss nur dann in Betracht, wenn die Inanspruchnahme solcher Rechtsbehelfe möglich und zumutbar war. Gerade bei Eingriffen, bei denen der Eintritt des Schadens praktisch mit dem Zeitpunkt des Eingriffs zusammenfällt – wie im Falle der fehlerhaften Ampelschaltung – ist Primärrechtsschutz zwangsläufig unmöglich und kann daher auch nicht verlangt werden. Eine Zumutbarkeit besteht dann, wenn der Betroffene die Rechtswidrigkeit der Maßnahme erkannt hat oder zumindest begründete Zweifel an dessen Rechtmäßigkeit bestanden.[306] Demgegenüber entfällt die Zumutbarkeit dann, wenn die Erfolgsaussichten zum maßgeblichen Zeitpunkt gering sind und daher ein hohes Kostenrisiko besteht.[307]

Zu beachten ist in diesem Zusammenhang, dass es schwerlich verlangt werden kann und auch wenig zweckmäßig wäre, dass der Einzelne gegen alle ihn belastenden Maßnahmen auf bloßen Verdacht hin Rechtsmittel einlegt, um sich einen potenziellen Anspruch aus enteignungsgleichem Eingriff zu erhalten.[308] Grundsätzlich sollte der Einzelne nämlich auf die Rechtmäßigkeit staatlichen Verhaltens vertrauen dürfen. Schon aus diesem Grund sollten die Anforderungen in diesem Bereich nicht zu hoch gesteckt werden.

Zudem kann der Anspruch natürlich nur insoweit entfallen, als er auch zu einer Verhinderung/Verringerung des Schadens hätte führen können.

---

[306] *Detterbeck*, Allgemeines Verwaltungsrecht Rn 1155.
[307] *Baldus/Grzeszick/Wienhues*, Staatshaftungsrecht Rn 353.
[308] So auch *Detterbeck*, Allgemeines Verwaltungsrecht Rn 155; *Maurer*, Allgemeines Verwaltungsrecht, § 27 Rn 99.

124

3. Rechtsfolgen

Liegen die Voraussetzungen des enteignungsgleichen Eingriffs vor, hat der Betroffene einen **Anspruch auf Entschädigung**. Art und Umfang der Entschädigung richten sich nach den oben bereits dargestellten Grundsätzen der Enteignungsentschädigung. Hinsichtlich des Umfangs ist daher regelmäßig von einem **vollen Wertersatz** auszugehen. Entgangener Gewinn ist von der Entschädigung grds. nicht erfasst, wohl aber mit der Eigentumsbeeinträchtigung **unmittelbar** zusammenhängende Folgeschäden (etwa kurzfristig erforderliches Ersatzfahrzeug, Selbstbehalt in der Kaskoversicherung sowie Rückstufungsschaden in der Kaskoversicherung).[309] Mittelbare Folgekosten sind – wie im Rahmen der allgemeinen Enteignungsentschädigung – nicht erstattungsfähig. Erneut ist die Abgrenzung „unmittelbar/mittelbar" aber alles andere als eindeutig. In einer Klausur bedarf es insoweit eigener Argumentation.

Anspruchsverpflichteter ist nach der Rechtsprechung grds. der durch den Eigentumseingriff unmittelbar begünstigte Hoheitsträger. Sofern eine solche Begünstigung nicht feststellbar sein sollte – wie etwa im Falle des feindlichen Grüns – trifft die Ersatzpflicht denjenigen Hoheitsträger, dessen Aufgaben bei der öffentlich-rechtlichen Tätigkeit wahrgenommen wurden.[310]

4. Rechtsweg und Verjährung

Für Ansprüche aus enteignungsgleichem Eingriff sind die **Zivilgerichte** zuständig. Dies folgt aus **§ 40 Abs. 2 S. 1 VwGO,** da es sich um einen Anspruch handelt, der seine Grundlage im allgemeinen Aufopferungsanspruch findet.[311]

Die **Verjährung** des Anspruchs richtet sich nach §§ 195 ff. BGB analog.

---

[309] Vgl. OLG Karlsruhe, Urteil vom 18.7.2013, 9 U 23/12.
[310] BGHZ 76, 387.
[311] BGHZ 90, 17.

VI. Der enteignende Eingriff

1. Überblick und Rechtsgrundlage

Bisweilen können auch **rechtmäßige** öffentlich-rechtliche, in das Eigentumsrecht eingreifende **Maßnahmen** dem Einzelnen ein solches **Sonderopfer** auferlegen, dass eine Entschädigung geboten erscheint. Auch ohne eine gesetzliche Entschädigungsregelung hat der Betroffene dann einen Entschädigungsanspruch aufgrund eines „enteignenden Eingriffs". Der Unterschied zum enteignungsgleichen Eingriff liegt also darin, dass der enteignende Eingriff prinzipiell rechtmäßiges Handeln zum Gegenstand hat. In der Regel wird es in diesem Zusammenhang daher um atypische und nicht vorhersehbare Nebenfolgen des staatlichen Handelns gehen.

Beispiele: Durch rechtmäßige Straßenbauarbeiten kommt es bei einem Geschäftsinhaber zu massiven und nicht mehr zumutbaren Umsatzeinbußen; eine ordnungsgemäß betriebene Mülldeponie lockt Möwen und Krähen an, die auch die Ernte eines benachbarten Grundstücks zerstören.

Als **Rechtsgrundlage** zieht die Rechtsprechung seit dem Naßauskiesungsbeschluss des BVerfG wie auch beim enteignungsgleichen Eingriff den allgemeinen Aufopferungsgedanken der **§§ 74, 75 Einl. PrALR** in ihrer richterrechtlichen Ausprägung heran.[312]

2. Anspruchsvoraussetzungen

Der Anspruch aus enteignendem Eingriff setzt einen durch öffentlich-rechtliches Handeln bewirkten unmittelbaren rechtmäßigen Eingriff in Eigentumsrechte voraus, welcher zu einem Sonderopfer beim Betroffenen geführt hat.

---

[312] Zu der Frage, ob für den enteignenden Eingriff nach dem Beschluss des BVerfG überhaupt noch ein Anwendungsbereich verbleibt siehe *Maurer*, Allgemeines Verwaltungsrecht, § 27 Rn 107 ff. sowie *Detterbeck/Windthorst/Sproll*, Staatshaftungsrecht, § 17 Rn 56.

a) Öffentlich-rechtliches Handeln

Der Anspruch aus enteignendem Eingriff setzt **öffentlich-rechtliches Handeln** voraus. Hier ergeben sich grundsätzlich keine Besonderheiten im Vergleich zum Anspruch aus enteignungsgleichem Eingriff. In Betracht kommen also auch hier sowohl Rechts- als auch Realakte.[313] Allerdings vermag ein Unterlassen einen Anspruch aus enteignendem Eingriff regelmäßig nicht zu begründen.[314]

Wie auch im Rahmen des enteignungsgleichen Eingriffs lehnt die Rechtsprechung einen Anspruch jedoch im Falle **legislativen Handelns** ab. Sofern es sich also um Schäden handelt, die auf einem formellen Gesetz beruhen, kommt eine Entschädigung nicht in Betracht. Zur Begründung dieses Ausschlusses beruft sich die Rechtsprechung auf die gleichen Erwägungen, die bereits im Rahmen des enteignungsgleichen Anspruchs dargestellt wurden (s.o.).

Beachte: Ein Anspruch aus enteignendem Eingriff wird in solchen Fällen oftmals schon daran scheitern, dass sich das Gesetz aufgrund fehlender Ausgleichsregelungen als unverhältnismäßig und damit verfassungswidrig darstellt. Denn nach den Grundsätzen der ausgleichspflichtigen Inhalts- und Schrankenbestimmung muss der Gesetzgeber vorhersehbare Schäden und besondere Belastungen durch geeignete gesetzliche Ausgleichs- und Entschädigungsregelungen kompensieren (s.o.). Sofern dies nicht erfolgt sein sollte, steht also kein rechtmäßiges, sondern vielmehr rechtswidriges öffentliches Handeln im Raum. Dann kommt allenfalls der Anspruch aus enteignungsgleichem Eingriff in Betracht, der jedoch im Falle legislativen Unrechts ebenfalls ausgeschlossen ist.

b) Unmittelbarer Eingriff in Eigentumsrechte

Das öffentlich-rechtliche Handeln muss zu einem **unmittelbaren Eingriff in Eigentumsrechte** des Betroffenen geführt haben. Hier gelten ebenfalls keine Besonderheiten.

Zu beachten ist also auch hier, dass das Unmittelbarkeitskriterium ein **Wertungskriterium** darstellt, das nicht all-

---

[313] Allerdings bilden Realakte das Hauptanwendungsbereich des enteignenden Eingriffs.

[314] *Baldus/Grzeszick/Wienhues*, Staatshaftungsrecht Rn 361.

zu formal betrachtet werden darf. Entscheidend ist jeweils die Frage, ob die Eigentumsbeeinträchtigung dem handelnden Hoheitsträger zugerechnet werden kann. Der BGH stellt diesbezüglich teilweise darauf ab, ob sich die in der Eigenart des öffentlich-rechtlichen Handelns angelegten typischen Gefahren realisiert haben.[315] Angesichts der Überlegung, dass der Anspruch aus enteignendem Eingriff jedoch gerade auch atypische Nebenfolgen rechtmäßigen Handelns abdecken soll, erscheint diese Aussage des BGH im Ergebnis wenig glücklich.[316] **Anders gesagt**: Allein die Tatsache, dass es sich um eine atypische Folge handelt, kann und darf eine Entschädigung nicht ausschließen.

Nach Auffassung des BGH ist es jedoch möglich, dass eine Haftung des Staates entfällt, wenn der Schaden durch **höhere Gewalt** hervorgerufen wurde. Dazu folgender Fall:[317]

E ist Eigentümer eines Hanggrundstücks. Etwa 40m oberhalb des Hauses befindet sich am Hang ein von der Gemeinde angelegtes und gepflegtes offenes Regenrückhaltebecken. Infolge unglaublich heftiger Regenfälle lief das Rückhaltebecken voll, wodurch dann das Haus des E überflutet wurde. Es handelte sich dabei um einen Regen, der statistisch nur alle 100 Jahre vorkommt. Der E will von der Gemeinde Ersatz für die Eigentumsbeeinträchtigung seines Grundstücks, die durch die Überschwemmung eingetreten ist.

In Betracht kommt hier ein Anspruch aus **enteignendem Eingriff**. Sowohl die Errichtung als auch die Unterhaltung des Rückhaltebeckens waren hier rechtmäßig.[318] Durch dieses rechtmäßige Verwaltungshandeln (Stichwort: Daseinsvorsorge) kam es bei dem E zu einem kausalen Schaden, der auch ein Sonderopfer darstellt.[319]

---

[315] BGHZ 100, 335.

[316] Kritisch auch *Detterbeck*, Allgemeines Verwaltungsrecht Rn 1166.

[317] BGH Urteil vom 19.01.2006, III ZR 121/05. Siehe dazu auch *Wolff*, JA 2007, 156.

[318] Die Rechtmäßigkeit ist hier zu bejahen, weil die Folgen des Überlaufens aufgrund des „Jahrhundertregens" hier als unvorhersehbar eingestuft werden müssen. Siehe *Wolff*, JA 2007, 157.

[319] In einer Klausur wären hier sicherlich längere Ausführungen notwendig.

Fraglich ist hingegen, ob es sich bei dem eingetretenen Schaden auch um **unmittelbare Folgen der hoheitlichen Tätigkeit** handelt. Zu dieser Frage führte der BGH aus, dass in solchen Fällen höherer Gewalt, das Schadensereignis letztlich nicht mehr den Risiken der jeweiligen Anlage, sondern dem von außen kommenden „**Drittereignis**" (hier: Naturkatastrophe) zuzurechnen sei. Allerdings kann sich eine Gemeinde nur dann auf einen solchen Fall höherer Gewalt berufen, wenn sie darlegen (und notfalls beweisen) kann, dass sie alle **technisch möglichen** und mit **wirtschaftlich zumutbaren Aufwand** realisierbaren **Sicherungsmaßnahmen** ergriffen hat, um einen Überstau des Rückhaltebeckens und eine Überschwemmung der Nachbargrundstücke zu verhindern. Sofern sie dies getan hat oder darlegen kann, dass auch solche Maßnahmen eine Überschwemmung im konkreten Fall nicht verhindert hätten, fehlt es folglich an der Unmittelbarkeit. Eine Haftung aus enteignendem Eingriff scheidet dann aus. Vielmehr realisiert sich dann schlicht und ergreifend die allgemeine Sachgefahr, die generell der Eigentümer selbst zu tragen hat.

Im Rahmen einer Klausur ist an dieser Stelle **eigene Argumentation** gefragt. Zu klären ist dabei die Frage, in wessen Verantwortungsbereich die eingetretenen Schäden fallen und ob daher eine Haftung des Staates erforderlich und angemessen erscheint. Dies wurde etwa in einem Fall abgelehnt, in dem ein rechtmäßig beschlagnahmtes Fahrzeug nachts von unbekannten Personen beschädigt wurde. Denn die Gefahr des Vandalismus sei durch die Beschlagnahme nicht erhöht worden. Daher verbleibe dieses Risiko trotz der Beschlagnahme beim betroffenen Eigentümer.[320] Demgegenüber wurde eine Entschädigungspflicht angenommen, als durch eine ordnungsgemäß betriebene Mülldeponie angelockte Vögel die Ernte eines anliegenden Ackers zerstörten.[321]

c) Rechtmäßigkeit des Handelns

Der Anspruch aus enteignendem Eingriff setzt **rechtmäßiges Handeln** voraus. Sofern sich die staatliche Maßnahme mithin als rechtswidrig darstellen sollte, kommt allein ein Anspruch aus enteignungsgleichem Eingriff in Betracht.

---

[320] BGHZ 100, 335.
[321] BGH NJW 1980, 770.

Aus dieser Voraussetzung ergibt sich letztlich auch die regelmäßige Beschränkung des enteignenden Eingriffs auf nicht vorhersehbare (und daher auch oftmals atypische) Nebenfolgen des staatlichen Handelns. Denn sollten die letztlich eingetretenen unzumutbaren Folgen von Anfang an vorhersehbar oder gar typisch für das jeweilige öffentlich-rechtliche Handeln gewesen sein, liegt bereits rechtswidriges Handeln vor, wenn diese Folgen durch zumutbare Vorkehrungen vermeidbar gewesen wären.[322] Hat der Hoheitsträger ohne solche Vorkehrungen (und damit rechtswidrig) gehandelt, kommt ein Anspruch aus enteignendem Eingriff nicht mehr in Betracht.

Sofern also **Straßenbauarbeiten** zu unzumutbaren Umsatzrückgängen bei einzelnen Betrieben führen, kommt ein Anspruch aus enteignendem Eingriff nur in Betracht, wenn dies unvorhersehbar war. Denn ansonsten waren bereits die Straßenarbeiten ohne eine eigene Entschädigungsregelung für sich genommen rechtswidrig. Da solche unzumutbaren Umsatzrückgänge zwar selten eintreten aber dennoch wohl eine typische Folge von Straßenbauarbeiten darstellen, wird eine Unvorhersehbarkeit wohl nur anzunehmen sein, wenn die Arbeiten „nicht nach Plan" verlaufen.[323] **Bsp**: Es kommt zu Verzögerungen, wegen unvorhergesehener Ereignisse, etwa Bombenfund, Leitungsbrüche etc.

Im Rahmen einer Klausur sollten Sie daher die Rechtmäßigkeit der in Rede stehenden Maßnahme nicht vorschnell bejahen.

d) Sonderopfer

Im Rahmen des enteignungsgleichen Eingriffs bildet die Rechtswidrigkeit der hoheitlichen Maßnahme das erforderliche Sonderopfer. Demgegenüber beruht ein Anspruch aus enteignendem Eingriff auf rechtmäßigem Handeln. **Grundsätzlich ist der Einzelne jedoch zur Duldung rechtmäßigen staatlichen Handelns verpflichtet.** Etwas anderes kann nur dann gelten, wenn auch dieses rechtmäßige Handeln beim Betroffenen zu einer unzumutbaren

---

[322] *Detterbeck*, Allgemeines Verwaltungsrecht Rn 1167; *Ossenbühl*, Staatshaftungsrecht, S. 372 f.
[323] So auch *Maurer*, Allgemeines Verwaltungsrecht, § 27 Rn 109.

Belastung führt (**Überschreitung der Opfergrenze**). Dann liegt beim Einzelnen ein Sonderopfer vor, welches eine Entschädigungspflicht des Staates nach sich ziehen muss.[324]

Eine genaue Belastungsgrenze, deren Überschreiten eine Unzumutbarkeit und damit einen Entschädigungsanspruch begründet, lässt sich naturgemäß nur schwer ziehen.

Noch unter der Geltung des materiellen Enteignungsbegriffs stellte das BVerwG auf die **Schwere und die Tragweite** der Eigentumsbeeinträchtigung ab. Diese Kriterien können nunmehr zur Bestimmung des Sonderopfers nutzbar gemacht werden.[325] Sofern es um die Zumutbarkeit von **Immissionen** geht stellt der BGH zudem auf die Regelung des **§ 906 Abs. 2 S. 2 BGB** ab.[326] Ein Ausgleichsanspruch besteht mithin dann, wenn die Immissionen nach Dauer, Art, Intensität und Auswirkung so erheblich sind, dass eine entschädigungslose Hinnahme nicht zumutbar erscheint.

Im Übrigen ist hier erneut eigene Argumentation gefragt. Ein „Richtig" oder „Falsch" wird es an dieser Stelle nur in besonderen Ausnahmekonstellationen geben.

e) Mitverschulden (§ 254 BGB analog)

Auch im Rahmen des enteignenden Eingriffs kann ein Mitverschulden des Geschädigten zu einer Anspruchskürzung oder zu einem vollständigen Entfallen des Anspruchs führen. Zu beachten ist jedoch, dass der enteignende Eingriff rechtmäßiges Handeln des Staates zur Grundlage hat. Gegen rechtmäßiges Handeln kann der Einzelne jedoch zwangsläufig keine Rechtsbehelfe ergreifen. Eine Kürzung des Anspruchs aufgrund der **Versäumung möglicher Rechtsmittel** kommt daher nur in Betracht, wenn ausnahmsweise eine Möglichkeit bestand, sich zumindest gegen die unzumutbaren Nebenfolgen gerichtlich zu wehren. Dies wird jedoch nur selten der Fall sein. Eine Kürzung des Anspruchs nach § 254 BGB analog ist aber in

---

[324] Siehe *Baldus/Grzeszick/Wienhues*, Staatshaftungsrecht Rn 363.
[325] So auch *Detterbeck/Windthorst/Sproll*, Staatshaftungsrecht, § 17 Rn 64 ff.
[326] *Baldus/Grzeszick/Wienhues*, Staatshaftungsrecht Rn 363.

jedem Falle möglich, wenn der Einzelne gegen seine allgemeine Schadensminderungspflicht verstößt.[327]

3. Rechtsfolgen

Sofern die obigen Voraussetzungen erfüllt sind, hat der Einzelne einen **Entschädigungsanspruch**. Dessen Umfang richtet sich nach den allgemeinen Grundsätzen (also regelmäßig voller Wertersatz sowie Ersatz unmittelbarer Folgekosten)

Anspruchsberechtigter ist der betroffene Eigentümer. Anspruchsgegner ist der durch den Eingriff begünstigte Hoheitsträger bzw. derjenige Hoheitsträger dessen Aufgaben wahrgenommen worden sind.[328]

4. Rechtsweg und Verjährung

Hier gelten gegenüber dem enteignungsgleichen Eingriff keine Besonderheiten (s.o.).

---

[327] *Detterbeck*, Allgemeines Verwaltungsrecht Rn 1174.
[328] *Baldus/Grzeszick/Wienhues*, Staatshaftungsrecht Rn 373.

Prüfungsschema enteignungsgleicher und enteignender Eingriff

1.   Rechtsgrundlage

Diese bilden nunmehr die **§§ 74, 75 Einl PrALR** in ihrer richterrechtlichen Ausprägung

2.   Öffentlich-rechtliches Handeln

In Betracht kommt jegliche Form öffentlich-rechtlichen Handelns. Ausgeschlossen sind jedoch grds. Ansprüche wegen legislativen Unrechts.

3.   Eingriff in Eigentumsrechte

Das Handeln muss zu einem Eingriff in Eigentumsrechte führen.

4.   Rechtswidrigkeit/Sonderopfer

Der enteignungsgleiche Eingriff setzt rechtswidriges Handeln voraus. Die Rechtswidrigkeit begründet dann sogleich das erforderliche **Sonderopfer**. Beim enteignenden Eingriff, der im Grundsatz rechtmäßiges Handeln voraussetzt, bedarf es hingegen der positiven Feststellung eines Sonderopfers.

5.   Unmittelbarkeit

Ersetzt werden allein die **unmittelbaren Folgen** des hoheitlichen Handelns. Dies ist eine Frage der wertenden Zurechnung.

6.   Mitverschulden

Richtet sich nach **§ 254 BGB**. Zu beachten ist hier vor allem der Vorrang des Primärrechtsschutzes.

7.   Rechtsfolge

Entschädigungsanspruch (kein Schadensersatz).

Literaturhinweise zu den Ansprüchen bei Eingriffen in das Eigentum

- *Bethge/Detterbeck*, Rembrandt als Pflichtexemplar, JuS 1994, 229
- *Brüning*, Die Aufopferung im Spannungsfeld von verfassungsrechtlicher Eigentumsgarantie und richterrechtlicher Ausgestaltung, JuS 2003, 2
- *Durner*, Grundfälle zum Staatshaftungsrecht, JuS 2005, 900
- *Eschenbach*, Die ausgleichspflichtige Inhaltsbestimmung, Jura 1998, 401
- ders., Die Enteignung, Jura 1997, 519
- *Fischer*, Entschädigung in den Zeiten von BSE, JuS 2005, 52
- *Greim/Michl*, Grundfälle zur Staatshaftung im Baurecht, Jura 2012, 373
- *Heintschel von Heinegg/Haltern*, Keine Angst vor Art. 14 GG!, JuS 1993, 121, 213
- *Holste*, Art. 14 GG: Eigentumsgarantie und privatnützige Großvorhaben mit mittelbarem Allgemeinwohlbezug, JA 2003, 373
- *Jochum/Durner*, Grundfälle zu Art. 14 GG, JuS 2005, 220, 320, 412
- *Kemmler*, Ersatzansprüche wegen Beeinträchtigung des Eigentums, JA 2005, 156
- *Lege*, Art. 14 GG für Fortgeschrittene, ZJS 2012, 44
- *Muckel*, Ausgleichspflichtige Inhalts- und Schrankenbestimmung (Anmerkung), JA 2012, 314
- *Papier*, Enteignungsgleiche und enteignende Eingriffe nach der Naßauskiesungsentscheidung, JuS 1985, 184
- *Reffken/Thiele*, Standardfälle Staatsrecht II, Fall 10
- *Schoch*, Die Haftung aus enteignungsgleichem und enteignendem Eingriff, Jura 1990, 140
- *Sproll*, Verfassungsrechtliche Eigentumsgarantie und Enteignungsentschädigung, JuS 1995, 1080
- ders., Staatshaftungsrecht – Inhaltsbestimmung nach Art. 14 I 2 GG und Aufopferungsentschädigung, JuS 1996, 125
- *Stangl*, Die Enteignung, JA 2000, 574
- *Wolff*, Entschädigungsanspruch bei Überlaufen eines Rückhaltebeckens, JA 2007, 156

D. Der allgemeine Aufopferungsanspruch

I. Überblick und Rechtsgrundlage

Der Anspruch aus enteignungsgleichem bzw. enteignendem Eingriff setzt jeweils eine Beeinträchtigung vermögenswerter Rechte voraus. Denkbar sind jedoch daneben auch **Eingriffe** des Staates **in nicht-vermögenswerte**, also immaterielle **Rechtsgüter**, die beim Einzelnen ein Sonderopfer begründen.

Beispiel: Bei einer (rechtmäßig) staatlich angeordneten Pockenimpfung kommt es bei einem der geimpften Kinder zu seltenen Nebenwirkungen, die zu dessen Querschnittslähmung führen.

Bereits im Jahre 1953 hat der BGH daher den Aufopferungsgedanken der §§ 74, 75 Einl. PrALR auch auf solche Fälle erstreckt.[329] Der Betroffene hat also auch dann einen Anspruch auf Entschädigung. Dabei ist es zunächst einmal unerheblich, ob sich der staatliche Eingriff als rechtmäßig oder rechtswidrig erweist; der Aufopferungsanspruch erfasst im Grundsatz beide Fälle.[330]

Die **Rechtsgrundlage** bilden für den BGH – wie beim Anspruch aus enteignungsgleichen und enteignenden Eingriff – die **§§ 74, 75 Einl. PrALR** in ihrer richterrechtlichen Ausgestaltung. Mittlerweile ist der Anspruch aber auch gewohnheitsrechtlich anerkannt. Zu beachten ist, dass eine Entschädigung nach diesen Grundsätzen nur dann in Betracht kommt, solange der Gesetzgeber keine einfachgesetzliche besondere Entschädigungsregelung getroffen hat. Mittlerweile ist dies in vielen Bereichen geschehen, so dass der allgemeine Aufopferungsanspruch stark an Bedeutung verloren hat.

---

[329] BGHZ 9, 83.
[330] Teilweise wird dabei in Anlehnung an die Terminologie bei Eigentumsbeeinträchtigungen bei rechtwidrigen Eingriffen von aufopferungsgleichen Ansprüchen gesprochen. Siehe dazu *Detterbeck*, Allgemeines Verwaltungsrecht Rn 1182.

Siehe etwa die Entschädigungsregelungen in den Polizeigesetzen bei der Inanspruchnahme von Nichtstörern (§ 10 HmbSOG; § 80 NSOG; Art. 70 BayPAG; § 41 NWPolG); die Entschädigungsregelung im Falle unrechtmäßiger Inhaftierungen (§ 1 StrEG); die Entschädigungsregelung im Falle unvorhergesehener Nebenfolgen bei Schutzimpfungen (§ 30 IfSG).

II. Anspruchsvoraussetzungen

1. Öffentlich-rechtliches Handeln

Der allgemeine Aufopferungsanspruch setzt – wie stets – **öffentlich-rechtliches Handeln** voraus. An dieser Stelle ergeben sich keine Besonderheiten.

2. Vermögenswertes Recht

Der allgemeine Aufopferungsanspruch greift nur im Falle der Beeinträchtigung **nicht-vermögenswerter Rechte**. Als solche kommen etwa in Betracht:

- das Leben,
- die körperliche Unversehrtheit sowie
- die Freiheit im Sinne der körperlichen Bewegungsfreiheit.

Bislang hat es der BGH aber abgelehnt einen Aufopferungsanspruch auch im Falle der Beeinträchtigung **sonstiger Grundrechte** zuzusprechen.[331] Zu denken wäre hier etwa an eine Entschädigung bei Beeinträchtigungen des allgemeinen Persönlichkeitsrechts, der Gewerbe- oder der Berufsfreiheit. Eine solche Verallgemeinerung des Aufopferungsgedankens würde nicht zuletzt durch den Wortlaut der §§ 74, 75 Einl. PrALR gestützt, der ebenfalls keine rechtsgüterbezogenen Differenzierungen vornimmt.[332]

Nach Auffassung des BVerfG ist eine solche Erweiterung des Anwendungsbereichs zumindest verfassungsrechtlich allerdings nicht geboten.[333]

---

[331] Siehe etwa BGHZ 111, 349.
[332] So auch *Baldus/Grzeszick/Wienhues*, Staatshaftungsrecht Rn 247.
[333] BVerfG NJW 1998, 271. Anders hingegen *Detterbeck/Windthorst/Sproll*, Staatshaftungsrecht, § 16 Rn 62.

3. Unmittelbarer Eingriff

In das jeweilige nicht-vermögenswerte Recht muss durch das staatliche Handeln unmittelbar eingegriffen worden sein. Finales Handeln ist dabei nicht erforderlich,[334] es kann sich um einen Rechts- oder Realakt handeln. Auch ein Unterlassen kann einen Eingriff darstellen, sofern eine Rechtspflicht zum Handeln bestand.[335] Ein Eingriff liegt nicht nur im Falle hoheitlichen Zwangs vor, sondern ist auch dann anzunehmen, wenn das hoheitliche Handeln einen **psychischen Zwang** auslöst.

Beispiel: Die staatlichen Behörden fordern durch umfangreiche Aufklärungsarbeit und Werbung zu der Teilnahme an einer Impfung auf, ohne dass diese rechtlich verpflichtend wäre. Auch dann ist eine mögliche Beeinträchtigung eines nicht-vermögenswerten Rechts dem jeweiligen Hoheitsträger zuzurechnen.

Völlig **freiwilliges Verhalten** des Betroffenen steht demgegenüber einem Eingriff entgegen.

Beispiel: Ein Passant meldet sich freiwillig als sog. Polizeihelfer.[336]

Darüber hinaus scheidet nach der Rechtsprechung ein Eingriff auch dann aus, **wenn sich der Betroffene selbst schuldhaft in die jeweilige Gefährdungslage gebracht haben sollte.**

Beispiel: Ein rechtskräftig verurteilter Strafgefangener wird von einem Mithäftling verletzt.

In einer solchen Situation liegt nach überwiegender Auffassung bereits kein Eingriff vor, da die Inhaftierung durch den Betroffenen selbst in zurechenbarer Weise durch die Begehung einer Straftat veranlasst wurde. Im Ergebnis geht es hier um **Zurechnungsfragen**. Zu klären ist also die Frage, ob die jeweilige Beeinträchtigung dem Staat aufgrund

---

[334] *Detterbeck/Windthorst/Sproll*, Staatshaftungsrecht, § 16 Rn 63.
[335] *Detterbeck*, Allgemeines Verwaltungsrecht Rn 1189.
[336] Allerdings kommen hier regelmäßig spezielle polizeirechtliche Entschädigungsregelungen in Betracht.

dessen Verhalten (noch) zugerechnet werden kann oder nicht.[337]

Nur dann liegt der erforderliche unmittelbare Eingriff vor. Die Frage der Zurechung ist dabei anhand wertender Kriterien zu ermitteln.

Daher wäre ein Eingriff etwa dann zu bejahen, wenn es sich im obigen Fall um einen Untersuchungshäftling gehandelt hätte, der im anschließenden Strafverfahren freigesprochen wurde. Denn die betroffene Person hat ja keine Straftat begangen und wurde daher auch zwar rechtmäßig aber gleichwohl „zu Unrecht" in Untersuchungshaft genommen. Die Beeinträchtigung ist dann dem Staat nach wertenden Gesichtspunkten wohl zuzurechnen.

4. Sonderopfer

Erforderlich ist, dass der Betroffene durch den hoheitlichen Eingriff ein **Sonderopfer** erleidet. Ein solches Sonderopfer liegt grundsätzlich dann vor, wenn der Einzelne im Vergleich zu anderen ungleich stärker belastet worden ist.[338] Es muss die zumutbare **Opfergrenze überschritten** worden sein.[339]

Beispiel: Erleidet der Einzelne aufgrund einer gesetzlichen Zwangsimpfung leichte Rötungen der Einstichstelle oder ein leichtes Fieber, liegt kein solches Sonderopfer vor. Hierbei handelt es sich nämlich um übliche Nachteile, die der Gesetzgeber bereits bei Erlass der Regelung vorhergesehen und als zumutbar eingestuft hat. Es liegt dann keine besondere Belastung vor. Anders ist es hingegen dann, wenn eine solche Impfung zu einer seltenen Nebenwirkung wie einer Querschnittslähmung führt. In einem solchen Fall wäre die Opfergrenze überschritten.[340]

Ein Sonderopfer scheidet nach der Rechtsprechung des BGH auch dann aus, wenn sich in der Beeinträchtigung allein das **allgemeine Lebensrisiko** verwirklicht hat. Dieses allgemeine Lebensrisiko muss grundsätzlich jeder selbst tragen.

---

[337] *Baldus/Grzeszick/Wienhues*, Staatshaftungsrecht Rn 251.
[338] *Detterbeck/Windthorst/Sproll*, Staatshaftungsrecht, § 16 Rn 66.
[339] *Maurer*, Allgemeines Verwaltungsrecht, § 28 Rn 13.
[340] Siehe dazu BGHZ 9, 83. Dazu auch *Maurer*, Allgemeines Verwaltungsrecht, § 27 Rn 13.

So verhielt es sich etwa in dem vom BGH entschiedenen Fall, in dem sich ein Schüler im Rahmen des Turnunterrichts bei einer Übung verletzte, die in dieser oder ähnlicher Form auch beim Spielen außerhalb des Unterrichts häufig vorkommt.[341] Letztlich handelt es sich auch hier um Zurechnungsfragen. Gut vertretbar ist es in solchen Fällen daher auch bereits einen unmittelbaren Eingriff durch das hoheitliche Handeln und nicht erst das Sonderopfer abzulehnen.

Ist die Maßnahme selbst rechtswidrig, wird man daraus regelmäßig einen Anhaltspunkt für ein Sonderopfer entnehmen können, wie dies auch beim enteignungsgleichen Eingriff der Fall ist.[342]

5. Subsidiarität

Nach der Rechtsprechung des BGH ist der allgemeine Aufopferungsanspruch ein „**äußerster Rechtsbehelf**"[343]; er tritt daher gegenüber anderen Ansprüchen im Grundsatz subsidiär zurück. Dies gilt dabei auch dann, wenn die anderen Ansprüche keine Ausprägungen des allgemeinen Aufopferungsanspruchs darstellen, sofern diese nur im konkreten Fall einen Ausgleich des Schadens ermöglichen.[344] Zu denken ist hier etwa an **Leistungen aus der Sozialversicherung** nach dem SGB. Darüber hinaus hat der BGH eine Subsidiarität auch gegenüber dem Schadensersatzanspruch aus **Art. 5 Abs. 5 EMRK** angenommen, obwohl dieser – anders als der allgemeine Aufopferungsanspruch – bereits verjährt war.[345]

Diese Rechtsprechung ist in der Literatur nicht unumstritten. Siehe dazu *Maurer*, Allgemeines Verwaltungsrecht, § 28 Rn 6 einerseits sowie *Detterbeck/Windthorst/Sproll*, Staatshaftungsrecht, § 16 Rn 73 andererseits.

---

[341] BGHZ 46, 327.
[342] BGHZ 45, 46.
[343] BGHZ 45, 58.
[344] *Maurer*, Allgemeines Verwaltungsrecht, § 28 Rn 6.
[345] BGHZ 45, 58.

Der **Amtshaftungsanspruch** verdrängt den allgemeinen Aufopferungsanspruch hingegen nicht; diese Ansprüche können also nebeneinander geltend gemacht werden.[346] Darüber hinaus ist auch hier der **Vorrang des Primärrechtsschutzes** zu beachten. Eine entsprechende Abwendung des Schadens kommt allerdings nur bei rechtswidrigem Handeln in Betracht und soweit die Einlegung des jeweiligen Rechtsbehelfs möglich und zumutbar war.

III. Rechtsfolgen

Liegen die Anspruchsvoraussetzungen vor, so werden dem Betroffenen die unmittelbar auf der Beeinträchtigung beruhenden **Vermögensschäden** ersetzt. Allerdings gelten auch hier die allgemeinen Entschädigungsregelungen, so dass zwar regelmäßig aber nicht zwingend der gesamte entstandene Schaden ersetzt wird. Den Ersatz immaterieller Schäden (also vor allem Schmerzensgeld) lehnt der BGH in ständiger Rechtsprechung ab.[347] Auch ein entgangener Gewinn wird grds. nicht ersetzt.

Die Ersatzpflicht trifft jeweils den Hoheitsträger, der durch den Eingriff begünstigt wurde bzw. dessen Aufgaben wahrgenommen wurden.

IV. Verjährung und Rechtsweg

Bis 2002 verjährte der Aufopferungsanspruch in 30 Jahren. Durch die Neuregelung des Verjährungsrechts ist davon auszugehen, dass sich die Verjährung nach § 195 BGB analog bemisst.[348] Die regelmäßige Verjährungsfrist beträgt damit **drei Jahre**.

Nach **§ 40 Abs. 2 Hs. 1 VwGO** sind Aufopferungsansprüche vor den ordentlichen Gerichten geltend zu machen.

---

[346] BGHZ 13, 88. Nach *Detterbeck/Windthorst/Sproll*, Staatshaftungsrecht, § 16 Rn 74 liegt der Grund darin, dass der Amtshaftungsanspruch zur Rechtswidrigkeitshaftung gehört.
[347] BGHZ 45, 46.
[348] Wie hier auch *Detterbeck*, Allgemeines Verwaltungsrecht Rn 1197.

140

Literatur zum allgemeinen Aufopferungsanspruch

- *Brüning*, Die Aufopferung im Spannungsfeld von verfassungsrechtlicher Eigentumsgarantie und richterrechtlicher Ausgestaltung, JuS 2003, 3
- *Schmitt-Kammler*, Der Aufopferungsgedanke, JuS 1995, 473
- *Stangl,* Der Aufopferungsanspruch, JA 1998, 479

E. Der öffentlich-rechtliche Erstattungsanspruch

I. Überblick und Rechtsgrundlage

Zwischen dem Bürger und dem Staat kommt es alltäglich zu zahlreichen Vermögensverschiebungen.

Beispiel: Eine Behörde gewährt eine Subvention; ein Beamter erhält seine monatliche Besoldung; ein Bürger zahlt einer Gemeinde aufgrund eines öffentlich-rechtlichen Vertrages einen bestimmten Geldbetrag.

Solche öffentlich-rechtlichen Vermögensverschiebungen bedürfen für ihren Bestand eines **Rechtsgrundes**. Sofern ein solcher fehlt oder später wegfällt, müssen diese Vermögensverschiebungen rückgängig gemacht werden. Die Anspruchsgrundlage für diese Fälle bildet **der öffentlich-rechtliche Erstattungsanspruch**. Obwohl die Parallelen zur ungerechtfertigten Bereicherung nach den §§ 812 ff. BGB auf der Hand liegen, handelt es sich dabei um einen **eigenständigen öffentlich-rechtlichen Anspruch**.[349] Er findet seine **Rechtsgrundlage** letztlich in der in **Art. 20 Abs. 3 GG** wurzelnden Rechtmäßigkeit der Verwaltung und ist mittlerweile auch gewohnheitsrechtlich anerkannt. Im Ergebnis entsprechen die Voraussetzungen des Anspruchs freilich im Wesentlichen denen der §§ 812 ff. BGB.[350] Allerdings ist bei einer Übertragung der zivilrechtlichen Regelungen stets darauf zu achten, ob diese auch die Besonderheiten, die sich aus dem öffentlich-rechtlichen Verhältnis der Beteiligten ergeben, hinreichend berücksichtigen. Dies gilt namentlich für Fragen der Entreicherung (§ 818 Abs. 3 BGB), der Kenntnis der Nichtschuld (§§ 814, 817 S. 2 BGB)[351] und der verschärften Haftung (§ 819 Abs. 1 BGB).

Der allgemeine öffentlich-rechtliche Erstattungsanspruch ist im Übrigen immer dann ausgeschlossen, wenn **spezialgesetzliche Regelungen** bestehen.

---

[349] *Baldus/Grzeszick/Wienhues*, Staatshaftungsrecht Rn 393.

[350] *Frenz*, Öffentliches Recht Rn 996.

[351] Nach BVerwG NVwZ 2003, 994 sind weder § 814 noch § 817 S. 2 BGB auf den öffentlich-rechtlichen Erstattungsanspruch anwendbar.

Von besonderer Bedeutung ist insoweit **§ 49a VwVfG**, wonach erbrachte Leistungen zu erstatten sind, soweit der diese Leistungen bewilligende Verwaltungsakt mit Wirkung für die Vergangenheit zurückgenommen worden oder infolge des Eintritts einer auflösenden Bedingung unwirksam geworden ist. Die zu erstattende Leistung ist durch schriftlichen Verwaltungsakt festzusetzen. § 49a VwVfG erfasst allerdings allein Ansprüche des Staates gegen den Bürger. Weitere spezialgesetzliche Regelungen sind etwa § 12 Abs. 2 BBesG; § 52 Abs. 2 BeamtVG.

Ein möglicher **Amtshaftungsanspruch** schließt den Erstattungsanspruch nicht aus.[352] Gleiches gilt für den **Folgenbeseitigungsanspruch** (siehe dazu unter F).

II. Voraussetzungen des Anspruchs

1. Vermögensverschiebung

Erste Voraussetzung ist eine **Vermögensverschiebung** zwischen zwei Rechtssubjekten. Eine solche setzt eine Vermögensmehrung auf der einen und eine Vermögensminderung auf der anderen Seite voraus.[353] Dabei muss es sich nicht zwingend um Geld handeln. In Betracht kommen vielmehr auch sonstige Vermögensgegenstände.[354]

Beispiele für Vermögensverschiebungen: Ein Landkreis zahlt eine Subvention an einen Landwirt; ein Beamter erhält seine monatliche Besoldung; eine Behörde übereignet ein Grundstück an ein privates Unternehmen.

Die Vermögensverschiebung kann sowohl zwischen einer Behörde und dem Bürger als auch zwischen verschiedenen Verwaltungsträgern erfolgt sein.

Zur Bestimmung der bestehenden Leistungsverhältnisse kann im Wesentlichen auf die aus dem Zivilrecht bekannten Grundsätze zurückgegriffen werden. Probleme bestehen hier regelmäßig nur dann, wenn es sich um Dreipersonenverhältnisse handelt.[355]

---

[352] *Detterbeck*, Allgemeines Verwaltungsrecht Rn 1240.
[353] *Sodan/Ziekow*, Grundkurs Öffentliches Recht, § 90 Rn 12.
[354] *Detterbeck*, Allgemeines Verwaltungsrecht Rn 1240.
[355] Beispiel dazu bei *Baldus/Grzeszick/Wienhues*, Staatshaftungsrecht Rn 399.

2. Öffentlich-rechtliche Rechtsbeziehung

Der öffentlich-rechtliche Erstattungsanspruch kommt nur in Betracht, wenn zwischen den beteiligten Personen auch eine **öffentlich-rechtliche Rechtsbeziehung** besteht. Sofern es sich um eine privatrechtliche Rechtsbeziehung handelt, sind die §§ 812 ff. BGB unmittelbar anzuwenden. Zur Ermittlung der Rechtsnatur des bestehenden Rechtsverhältnisses ist regelmäßig auf die Rechtsnatur des weggefallenen bzw. vermeintlich bestehenden Rechtsgrundes der erfolgten Vermögensverschiebung abzustellen.[356]

Erfolgte die Vermögensverschiebung aufgrund eines nunmehr aufgehobenen Verwaltungsakts oder eines nichtigen öffentlich-rechtlichen Vertrages liegt folglich auch hinsichtlich der Erstattung ein öffentlich-rechtliches Rechtsverhältnis zwischen den beteiligten Personen vor. Der Erstattungsanspruch teilt quasi als **Kehrseite der Vermögensverschiebung** auch dessen Rechtsnatur.[357]

Erfolgt die Leistung an die falsche Person, so kommt es darauf an, auf welcher Grundlage die jeweilige Vermögensverschiebung vorgenommen wurde. Ist diese öffentlich-rechtlich zu beurteilen, so greift auch der öffentlich-rechtliche Erstattungsanspruch.

So verhält es sich etwa dann, wenn Arbeitslosengeld nach dem Tod des Berechtigten zunächst weitergezahlt wird und daher dessen Erben zugute kommt.

3. Ohne Rechtsgrund

Für die Vermögensverschiebung darf **kein Rechtsgrund** vorhanden sein. Dabei ist es unerheblich, ob dieser Rechtsgrund bereits von Anfang an fehlte (etwa im Falle eines nichtigen öffentlich-rechtlichen Vertrages) oder später weggefallen ist (etwa durch Aufhebung eines Verwaltungsaktes). Entscheidend ist allein, dass die gegenwärtige Vermögenslage nicht gerechtfertigt werden kann. Als Rechtsgrund kommen vor allem in Betracht:

---

[356] *Detterbeck*, Allgemeines Verwaltungsrecht Rn 1242.
[357] *Sodan/Ziekow*, Grundkurs Öffentliches Recht, § 90 Rn 11.

144

- **Ein Verwaltungsakt.** Dabei ist zu beachten, dass auch ein rechtswidriger Verwaltungsakt einen hinreichenden Rechtsgrund darstellt. Entscheidend ist allein dessen Wirksamkeit, die nur dann fehlt, wenn der Verwaltungsakt ausnahmsweise nichtig sein sollte (vgl. § 44 VwVfG). Ein Erstattungsanspruch kommt damit erst dann in Betracht, wenn der Verwaltungsakt **aufgehoben** und damit dessen Wirksamkeit beseitigt worden ist. Das kann durch die Behörde selbst (§ 48 VwVfG) oder durch gerichtliches Urteil im Falle einer Anfechtungsklage erfolgen. **Achtung**: Bei Ansprüchen der Behörde ist zunächst zu prüfen, ob diese ihre erbrachte Leistung möglicherweise nach § 49a VwVfG zurückverlangen kann.
- **Ein öffentlich-rechtlicher Vertrag.** Auch dieser kann aber nur insoweit einen tauglichen Rechtsgrund darstellen, als er nicht nichtig ist.
- **Sonstige öffentlich-rechtliche Regelungen.** In Betracht kommen vor allem Besoldungsregelungen und ähnliches.

III. Rechtsfolge

Liegen die oben genannten Voraussetzungen vor, sind die **erlangten Vermögensvorteile herauszugeben.** Im Grundsatz kann sich insoweit an den zivilrechtlichen Regelungen orientiert werden. Sofern eine Herausgabe des Erlangten also nicht mehr möglich sein sollte, ist regelmäßig Wertersatz zu leisten (siehe § 818 Abs. 2 BGB). Die Pflicht zur Herausgabe erstreckt sich zudem auf die gezogenen Nutzungen.

Fraglich ist, inwieweit die Möglichkeit besteht, sich auf den **Wegfall der Bereicherung** zu berufen (§ 818 Abs. 3 BGB). Unumstritten ist dabei zunächst, dass dem Staat eine solche Möglichkeit nicht zukommt. Eine Entreicherung des Staates ist insoweit ausgeschlossen.[358] Dies folgt nicht zuletzt aus

---

[358] Sie wäre oftmals auch äußerst schwer zu ermitteln.

der Gesetzesbindung der öffentlichen Hand (Art. 20 Abs. 3 GG).[359] Aus diesem Grund ist eine Anwendung des Rechtsgedankens des § 818 Abs. 3 BGB auch dann nicht zulässig, wenn die relevante Vermögensverschiebung zwischen zwei Hoheitsträgern stattgefunden haben sollte.

Sofern es um Ansprüche des Staates gegen den Bürger geht, ist der Einwand der Entreicherung nicht grds. ausgeschlossen. Dabei ist jedoch nicht auf die Grundsätze des § 818 Abs. 3 BGB abzustellen. Zu fragen ist vielmehr, **ob der betroffene Bürger** auf die jeweilige nunmehr nicht mehr vorhandene Leistung **vertraut** hat und ob dieses Vertrauen nach öffentlich-rechtlichen Grundsätzen auch als **schutzwürdig** angesehen werden kann. In den §§ 48 und 49a VwVfG hat der Gesetzgeber dabei einige Grundsätze kodifiziert, auf die in diesem Zusammenhang zurückgegriffen werden kann. Von Bedeutung ist vor allem der Rechtsgedanke des § 48 Abs. 2 Nr. 3 bzw. des § 49a Abs. 2 S. 2 VwVfG, wonach das Vertrauen jedenfalls dann nicht schutzwürdig ist, wenn der Betroffene den fehlenden Rechtsgrund kannte oder infolge grober Fahrlässigkeit nicht kannte.

Umstritten ist zudem, inwieweit auch die **Saldotheorie** anwendbar ist.[360] Nach dieser Theorie wird der Wert der Entreicherung zum Abzugsposten des eigenen Erstattungsanspruchs. Zumindest eine schematische Übertragung dieser Theorie ist nicht möglich, da stets auch die öffentlich-rechtlichen Besonderheiten zu berücksichtigen sind. Jedenfalls das BVerwG geht daher davon aus, dass der Anspruch des Bürgers nicht automatisch dann entfällt, wenn er die von der Behörde erbrachte Leistung nicht zurückgewähren kann.[361] Hinzutreten müssten vielmehr weitere besondere Umstände. Solche Umstände wird man dabei umso eher annehmen können, je mehr die beiden Erstattungsansprüche in einem synallagmatischen Verhältnis zueinander stehen, also etwa auf einem nichtigen öffentlich-rechtlichen Vertrag beruhen.[362] Sofern hier also verrechenbare Ansprüche gegeben sind, erfolgt eine Saldierung, so dass

---

[359] *Baldus/Grzeszick/Wienhues*, Staatshaftungsrecht Rn 407; *Detterbeck*, Allgemeines Verwaltungsrecht Rn 1152.
[360] Dazu auch *Detterbeck*, Allgemeines Verwaltungsrecht Rn 1254.
[361] BVerwGE 111, 162. In diesem Fall hatte der Bürger bereits von einer auf Grundlage eines nichtigen Vertrages erteilten Baugenehmigung Gebrauch gemacht und verlangte anschließend den an die Behörde geleisteten Geldbetrag zurück.
[362] VGH Bad.-Württ. VBlBW 2004, 52.

im Ergebnis nur derjenige einen Anspruch behält, für den sich ein posi-
tiver Saldo ergibt.

IV. Durchsetzung, Rechtsweg und Verjährung

Der öffentlich-rechtliche Erstattungsanspruch stellt eine öffentlich-rechtliche Streitigkeit dar und ist folglich nach **§ 40
VwGO vor den Verwaltungsgerichten** geltend zu machen.

Hinsichtlich der statthaften Klageart ist zu unterscheiden:
Sofern es um Ansprüche des Bürgers geht, die lediglich ein
tatsächliches Handeln der Behörde (etwa Rückzahlung eines Geldbetrages) erfordern, ist die allgemeine Leistungsklage die statthafte Klageart. Unter Umständen kann die
Vermögensverschiebung hingegen allein durch den vorherigen Erlass eines Verwaltungsakts rückgängig gemacht werden, so dass der Betroffene dann eine Verpflichtungsklage
erheben muss. Sofern die Vermögensverschiebung auf einem rechtswidrigem Verwaltungsakt beruht, bildet dieser einen wirksamen Rechtsgrund (s.o.). Der Betroffene muss
dann zunächst eine Anfechtungsklage erheben, um den
bestehenden Rechtsgrund zu beseitigen. Er hat dann die
Möglichkeit, diese Klage mit einem **Annexantrag** nach §
113 Abs. 1 S. 2 VwGO analog auf Rückgängigmachung der
erfolgten Vermögensverschiebung zu verbinden.[363]

Sofern die Behörde gegen den Bürger vorgehen will, muss
sie im Grundsatz die **allgemeine Leistungsklage** erheben.
Umstritten ist hingegen die Frage, ob und wann die Behörde
die Möglichkeit hat, ihren Erstattungsanspruch durch Erstattungsbescheid – also durch Verwaltungsakt – einseitig festzusetzen. Da es sich dabei um einen belastenden Verwaltungsakt handelt, kommt eine solche VA-Befugnis nach
richtiger Ansicht nur im Falle einer eigenständigen gesetzlichen Ermächtigungsgrundlage in Betracht (Vorbehalt des
Gesetzes). **Wichtigster Fall**: § 49a VwVfG. Das BVerwG
geht dagegen bereits immer dann von einer entsprechenden
VA-Befugnis aus, wenn das Rechtsverhältnis zwischen

---

[363] *Baldus/Grzeszick/Wienhues*, Staatshaftungsrecht Rn 414.

Staat und Bürger ein subordinationsrechtliches Gepräge aufweist.[364]

Ein solches liegt vor allem dann vor, wenn bereits die Vermögensverschiebung selbst durch VA erfolgt ist (sog. **Kehrseitentheorie**).[365]

Detterbeck differenziert folgendermaßen:[366] Sofern die Behörde ermächtigt sei, einen Verwaltungsakt aufzuheben, der Grundlage einer Vermögensverschiebung war, umfasse diese Rechtsgrundlage auch die VA-Befugnis zum Erlass eines Erstattungsbescheides. In allen anderen Fällen (insbesondere öffentlich-rechtliche Verträge) sei die Behörde hingegen auf die allgemeine Leistungsklage zu verweisen. Diese Ansicht stützt sich auf die Überlegung, dass der maßgebliche Eingriff in die Rechte des Bürgers durch die (zugelassene) Aufhebung des Verwaltungsaktes erfolgt. Als bloßer Annex sei dann für den Erstattungsbescheid keine eigenständige Rechtsgrundlage erforderlich.[367] Diese Ansicht hat sicherlich einiges für sich. Allerdings ist auch zu beachten, dass die Regelung des § 49a VwVfG – die eine ausdrückliche VA-Befugnis enthält – dann lediglich deklaratorischer Natur wäre. Die Befugnis zum Erlass eines Erstattungsbescheids ergäbe sich ja bereits aus § 48 bzw. § 49 VwVfG. Im Übrigen ist es zwar richtig, dass die Erstattung selbst im Vergleich zur Aufhebung des VA wohl einen geringeren Eingriff in die Rechte des Betroffenen darstellt. Das ändert jedoch nichts daran, dass jedenfalls ein weiterer Eingriff vorliegt, der damit an sich auch einer eigenständigen Rechtsgrundlage bedarf. Im Ergebnis sollte daher **immer** eine ausdrückliche gesetzliche Ermächtigung verlangt werden.

Sofern die Europäische Kommission per Beschluss feststellen sollte, dass eine gewährte nationale Subvention gegen Unionsrecht verstößt, ist die jeweilige Behörde zur Rückforderung verpflichtet. Hier ist zu differenzieren: Wurde die Subvention durch Verwaltungsakt gewährt, ist dieser zunächst aufzuheben; die Rückforderung kann dann auf § 49a VwVfG gestützt werden, erfolgt also durch VA. Wurde die Subvention hingegen durch öffentlich-rechtlichen Vertrag oder als verlorener Zuschuss gewährt, kommt eine Rückforderung durch VA grds. nicht in Betracht. Der Beschluss der Kommission kommt als Rechtsgrundlage für einen Rückforderungsbescheid nicht in Betracht, da dieser dem Vorbehalt des Gesetzes nicht genügt. Die Behörde muss im Streitfall also vor den Verwaltungsgerichten klagen. Eventuell ist sie dabei unionsrechtlich verpflichtet, auf eine einstweilige Anordnung nach § 123 VwGO hinzuwirken,

---

[364] BVerwGE 71, 354.
[365] BVerwGE 25, 72.
[366] *Detterbeck*, Allgemeines Verwaltungsrecht Rn 1258.
[367] Siehe nunmehr auch BVerwG DVBl. 1999, 537.

um den wettbewerbsverzerrenden Vorteil zügig (wenn auch vorläufig) zu beseitigen.

Die **Verjährung** des Erstattungsanspruchs richtet sich nach § 195 BGB analog. Die regelmäßige Verjährungsfrist beträgt also drei Jahre, die absolute Verjährungsfrist nach § 199 Abs. 4 BGB analog zehn Jahre.

Literatur zum öffentlich-rechtlichen Erstattungsanspruch

- *Gröpl*, Baurecht gegen Vorkasse, Jura 2003, 778
- *Holthaus*, Die gekaufte Verbeamtung, JuS 2005, 531
- *Ruffert*, Verträge mit der Stadtverwaltung, Jura 2003, 633
- *Windthorst*, Der öffentlichrechtliche Erstattungsanspruch, JuS 1996, 894

F. Der Folgenbeseitigungsanspruch

I. Überblick und Rechtsgrundlage

Mit Hilfe des sog. Folgenbeseitigungsanspruchs (FBA) kann der Einzelne die Beseitigung der durch einen rechtswidrigen hoheitlichen Eingriff herbeigeführten tatsächlichen Folgen verlangen. Es handelt sich also um einen **Wiederherstellungsanspruch**, mit dem die Herstellung des vor dem rechtswidrigen Eingriff bestehenden Zustands verlangt werden kann.

Sofern es um die Wiederherstellung der durch einen rechtswidrigen Verwaltungsakt verursachten Folgen geht, findet sich in § 113 Abs. 1 S. 2 VwGO eine besondere Regelung zur Durchsetzung dieses Anspruchs. Danach kann bereits im Rahmen der Anfechtungsklage ein entsprechender Antrag auf eine solche Vollzugsfolgenbeseitigung gestellt werden.

Aufgrund dieses Anspruchsziels ist der FBA von Schadensersatz- und Entschädigungsansprüchen wie folgt abzugrenzen:

- Anders als **Entschädigungsansprüche**, die immer auf die Zahlung einer Geldleistung gerichtet sind, wird mit dem Folgenbeseitigungsanspruch eine Wiederherstellung „**in natura**" erzielt. Eine Geldleistung kann mit dem FBA dagegen nur ganz ausnahmsweise verlangt werden (s.u.).
- **Schadensersatzansprüche** können zunächst auch auf eine Geldleistung gerichtet sein (§§ 249, 250 ff. BGB). Für die Abgrenzung zum FBA gilt dann das oben Gesagte.
- Daneben gilt für Schadensersatzansprüche indes der Grundsatz der **Naturalrestitution** (§ 249 BGB). Auch in diesem Fall besteht jedoch hinsichtlich des Anspruchsumfangs ein zumindest gradueller Unterschied zum FBA. Denn die Naturalrestitution verpflichtet zur Herstellung des Zustands, wie er ohne das schädigende Ereignis heute bestehen würde. Die Naturalrestitution ist mithin in die Zukunft gerichtet, indem sie einen hypothetischen zukünftigen

Zustand in den Blick nimmt. Demgegenüber verpflichtet der FBA allein zur Herstellung des Zustands, der vor dem relevanten Eingriff bestanden hat; er ist insofern in die Vergangenheit (auf einen früheren realen Zustand) gerichtet.[368]

Auch wenn der FBA heute allgemein anerkannt ist, ist dessen **Rechtsgrundlage** weiterhin nicht eindeutig geklärt. Auch § 113 Abs. 1 S. 2 VwGO bildet selbst keine eigenständige Rechtsgrundlage, sondern setzt das Bestehen eines entsprechenden materiell-rechtlichen Anspruchs seinerseits voraus; er regelt also allein dessen prozessrechtliche Durchsetzung. In der Literatur werden dazu im Wesentlichen die folgenden Ansichten vertreten:

- Der FBA findet seine Grundlage in einer Analogie zu den §§ 1004, 12, 862 BGB.
- Der FBA findet seine Grundlage im Rechtsstaatsprinzip aus Art. 20 Abs. 3 GG.
- Der FBA findet seine Grundlage in den Grundrechten.

Mittlerweile setzt sich die zuletzt genannte Auffassung immer mehr durch.[369] Für sie spricht insbesondere die folgende Überlegung: Der Abwehrcharakter der Grundrechte gewährt dem Einzelnen einen Anspruch, rechtswidrige Eingriffe des Staates zu verhindern (Unterlassungsanspruch). Sofern eine solche Verhinderung im Einzelfall nicht möglich sein sollte, ist es dieser Abwehranspruch, der sich nunmehr in einen Anspruch auf Beseitigung der rechtswidrigen Folgen richtet. Der grundrechtliche Abwehranspruch findet also seine Fortsetzung in dem grundrechtlichen Anspruch auf Folgenbeseitigung.

Im Rahmen einer **Klausurbearbeitung** braucht dieser Streit nicht entschieden zu werden. Es genügt, wenn die vertretenen Ansichten kurz genannt werden und anschließend festgestellt wird, dass sowohl der FBA selbst als auch dessen Voraussetzungen jedenfalls gewohnheitsrechtlich aner-

---

[368] *Baldus/Grzeszick/Wienhues*, Staatshaftungsrecht Rn 18.
[369] *Maurer*, Allgemeines Verwaltungsrecht, § 30 Rn 5.

kannt sind, ohne dass es insoweit auf die genaue Rechtsgrundlage ankäme.[370]

II. Anspruchsvoraussetzungen

Der FBA setzt voraus, dass durch hoheitliches Handeln (1) in ein subjektives Recht des Betroffenen eingegriffen wurde (2), wodurch ein rechtswidriger Zustand geschaffen wurde (3), der weiterhin andauert (4).[371] Zudem dürfen keine Ausschlussgründe vorliegen (5).

1. Hoheitliches Handeln

Der FBA setzt **hoheitliches Handeln** voraus. In Betracht kommt in diesem Zusammenhang grds. jede öffentlich-rechtliche Handlungsform. Ein FBA ist hingegen im Falle rechtswidrigen Handelns der Judikative ausgeschlossen.

Beispiel: Erlass eines Verwaltungsakts; Immissionen einer öffentlich-rechtlichen Einrichtung.

Nicht eindeutig geklärt ist die Frage, inwieweit auch **legislatives Unrecht** einen FBA zu begründen vermag. Hier ist zu unterscheiden: Begehrt der Betroffene die Beseitigung der Folgen eines Ausführungsaktes, der seinerseits auf einen verfassungswidrigen formellen Gesetz beruht, so schließt dies nach überwiegender Auffassung einen FBA nicht aus, obwohl es sich in einem solchen Fall um legislatives Unrecht handelt.[372] Zur Begründung wird darauf verwiesen, dass die öffentliche Gewalt durch das Institut der Bestandskraft von Verwaltungsakten vor einer ausufernden Inanspruchnahme geschützt wird. Ist der Verwaltungsakt nämlich bestandskräftig, scheidet auch ein FBA aus, da der bestandskräftige Verwaltungsakt den Betroffenen zur Duldung des rechtswidrigen Zustands verpflichtet (siehe sogleich).

---

[370] So auch *Detterbeck*, Allgemeines Verwaltungsrecht Rn 1204.
[371] *Maurer*, Allgemeines Verwaltungsrecht, § 30 Rn 7.
[372] *Detterbeck*, Allgemeines Verwaltungsrecht Rn 1223.

Fraglich ist hingegen, ob ein FBA auch dann in Betracht kommt, wenn sich der Einzelne gegen Folgen richtet, die unmittelbar auf einem verfassungswidrigen formellen Gesetz beruhen. Aus den bereits oben im Rahmen des enteignungsgleichen Eingriffs genannten Gründen spricht hier vieles dafür, einen FBA in solchen Fällen nicht anzuerkennen. In der Praxis spielt diese Frage jedoch bisher so gut wie keine Rolle.

Umstritten ist darüber hinaus, inwieweit ein **Unterlassen** des jeweiligen Hoheitsträgers einen FBA zu begründen vermag. Nach *Maurer*, Allgemeines Verwaltungsrecht, § 30 Rn 9 müsse stets positives Tun vorliegen, da es im Falle hoheitlichen Unterlassens nichts gebe, was wiederherzustellen sei. In diesen Fällen sei der FBA also zwangsläufig darauf gerichtet, dem Betroffenen erstmals eine Begünstigung zu gewähren, die er zuvor noch nicht hatte;[373] dies sei jedoch kein zulässigerweise mit dem FBA zu verfolgendes Ziel. Demgegenüber hat das **BVerwG** geäußert, dass der FBA jedenfalls nicht alle rechtswidrigen Folgen erfasse, die auf einem Tun oder Unterlassen der öffentlichen Gewalt beruhen.[374] Diese Formulierung lässt darauf schließen, dass das BVerwG auch ein Unterlassen der öffentlichen Gewalt zumindest als im Grundsatz für einen FBA ausreichend ansieht. Oftmals lässt sich diese Frage jedoch umgehen, indem man nicht auf das Unterlassen, sondern auf ein vorheriges Tun der Behörde abstellt. So verhält es sich etwa in dem klausurrelevanten Fall der Obdachloseneinweisung: Wird ein Obdachloser per Verwaltungsakt für einen bestimmten Zeitraum in eine Wohnung eingewiesen und wird die Behörde anschließend mit Ablauf der Einweisungszeit nicht tätig, so ist für den FBA nicht auf diese Untätigkeit, sondern vielmehr auf den vorherigen Erlass des Verwaltungsakts abzustellen.

2. Eingriff in subjektives Recht

Durch das hoheitliche Handeln muss es zu einem **Eingriff in subjektive Rechte** des Betroffenen gekommen sein. Dabei kommen sowohl einfachgesetzliche Rechte als auch (und insbesondere) die Grundrechte in Betracht.

---

[373] *Detterbeck/Windthorst/Sproll*, Staatshaftungsrecht, § 12 Rn 30.
[374] BVerwGE 69, 366.

3. Schaffung eines Rechtswidrigen Zustands

Das Handeln muss einen **rechtswidrigen Zustand** geschaffen haben. **Achtung**: Entscheidend ist also allein, ob das Handeln zu rechtswidrigen Folgen geführt hat. Grds. unerheblich ist es hingegen, ob das Handeln selbst als rechtswidrig bzw. rechtmäßig einzustufen ist.[375] Regelmäßig wird man jedoch von der Rechtswidrigkeit des Handelns auch auf die Rechtswidrigkeit der verursachten Folgen schließen können. Für den klausurrelevanten Fall des rechtswidrigen Verwaltungsakts ist dies jedoch nicht der Fall. Denn der rechtswidrige Verwaltungsakt ist wirksam und stellt damit eine taugliche Rechtsgrundlage für den durch ihn erzeugten Zustand dar. Der Betroffene muss die durch den rechtswidrigen Verwaltungsakt verursachten Folgen also dulden. Solange der VA wirksam ist, scheidet ein FBA damit aus.[376] Erst wenn der VA gerichtlich aufgehoben oder von der Behörde zurückgenommen wird oder sich in sonstiger Weise (etwa durch Zeitablauf) erledigt, lebt der FBA quasi wieder auf.

Beispiel: Wird ein Obdachloser durch Verwaltungsakt in eine Wohnung eingewiesen, so muss der Eigentümer diesen durch öffentliches Handeln hervorgerufenen Zustand dulden (Ausnahme: VA ist ausnahmsweise als nichtig einzustufen). Da eine solche Einweisung jedoch stets nur für einen bestimmten Zeitraum ausgesprochen wird, erledigt sich der Einweisungs-VA mit Ablauf dieses Zeitraums. In der Konsequenz lebt der FBA des Eigentümers wieder auf, da seine Duldungspflicht nunmehr entfällt.

Hinweis: Die Duldungspflicht im Falle rechtswidriger Verwaltungsakte spielt in Klausuren eine große Rolle. Sie dürfen hier auf keinen Fall den Fehler machen, von der Rechtswidrigkeit des VA auf die Rechtswidrigkeit des hervorgerufenen Zustands zu schließen und damit einen FBA zu bejahen. Sie würden dadurch die Regeln der Bestandskraft von Verwaltungsakten aushebeln. **Ein FBA setzt im Falle eines wirksamen VA stets dessen Aufhebung oder anderweitige Erledigung voraus!**[377] Entsprechend verhält es sich in den Fällen rechtswidriger aber nicht nichtiger öffentlich-rechtlicher Verträge.

---

[375] *Detterbeck/Windthorst/Sproll*, Staatshaftungsrecht, § 12 Rn 38.
[376] *Baldus/Grzeszick/Wienhues*, Staatshaftungsrecht Rn 40; *Sodan/Ziekow*, Grundkurs Öffentliches Recht, § 89 Rn 5.
[377] *Detterbeck/Windthorst/Sproll*, Staatshaftungsrecht, § 12 Rn 40.

4. Andauern des rechtswidrigen Zustands

Der **rechtswidrige Zustand muss** auch noch zu dem Zeitpunkt **andauern**, in dem der Anspruch geltend gemacht wird. Ein Anspruch scheidet also in dem Augenblick aus, in dem der rechtswidrige Zustand nachträglich legalisiert wird.

Beispiel: Ein fehlender VA wird nachträglich erlassen.

Nicht ausreichend ist es, wenn lediglich die Möglichkeit einer solchen **Legalisierung** besteht; eine solche muss vielmehr tatsächlich erfolgen.[378]

5. Ausschlussgründe

a) Rechtliche und tatsächliche Wiederherstellungsmöglichkeit

Die Herstellung des vorherigen Zustands muss sowohl **tatsächlich** als auch **rechtlich** möglich sein.

Eine rechtliche Möglichkeit ist immer dann abzulehnen, wenn es der Behörde an der erforderlichen Rechtsmacht mangelt, die für eine Wiederherstellung erforderlich wäre.[379] Dies wird in Zwei-Personen-Verhältnissen regelmäßig nicht der Fall sein. **Probleme** können sich jedoch dann ergeben, wenn die Wiederherstellung nur durch einen **Eingriff in Rechte eines Dritten** möglich ist. Dazu ein

Beispiel: Der Obdachlose O wird für eine Zeit von drei Monaten in die Wohnung des E eingewiesen. Nach drei Monaten bleibt die Behörde jedoch untätig. E verlangt von dieser daher, den O nunmehr anderweitig unterzubringen.

In diesen Fällen besteht im Grundsatz ein FBA des E (siehe bereits oben). Fraglich ist jedoch, ob die Behörde auch die rechtliche Möglichkeit zur Wiederherstellung hat, da diese zwingend mit einem Eingriff in die Rechte des O verbunden ist. In der Literatur werden in dieser Hinsicht **zwei Ansichten** vertreten:

---

[378] *Detterbeck/Windthorst/Sproll*, Staatshaftungsrecht, § 12 Rn 42.
[379] *Baldus/Grzeszick/Wienhues*, Staatshaftungsrecht Rn 43.

- Die **Rechtsmacht** der Behörde **ergibt sich** in diesen Fällen bereits **aus dem FBA selbst**. Der Anspruch des Betroffenen gegenüber der Behörde ermächtigt diese also automatisch auch zu den erforderlichen Eingriffen im Verhältnis zu Drittpersonen.

- Die Zulässigkeit des Eingriffs setzt eine **eigenständige Rechtsgrundlage** voraus. Die Wirkung des FBA beschränkt sich allein auf das Verhältnis der Behörde zu dem Betroffenen. Eingriffe in Rechte sonstiger Personen setzen weiterhin nach dem Grundsatz des Vorbehalts des Gesetzes eine spezielle Ermächtigungsgrundlage voraus.

Im Ergebnis vermag allein die **zweite Ansicht** zu überzeugen, da sich dritte Personen darauf verlassen können müssen, dass in ihre Rechte nur in den gesetzlich geregelten Fällen eingegriffen wird. Der FBA allein stellt keine ausreichende Rechtsgrundlage dar, da er allein gewohnheitsrechtlich anerkannt ist (Vorbehalt des Gesetzes). Zudem muss der FBA als Rechtsgrundlage schon deswegen ausscheiden, weil die rechtliche Möglichkeit der Folgenbeseitigung eine Voraussetzung desselben ist, mithin noch gar nicht feststeht, ob ein FBA tatsächlich besteht („Zirkelschluss").

Im Rahmen einer **Klausur** müssen Sie daher an dieser Stelle überprüfen, ob der Behörde eine anderweitige Rechtsgrundlage zur Verfügung steht, auf die die jeweils notwendige Handlung gestützt werden kann. Eine solche wird sich im obigen Beispielsfall etwa in der polizeirechtlichen Generalklausel finden. Zu beachten ist in diesem Zusammenhang Folgendes: Da mit dem nicht zu duldenden rechtswidrigen Eingriff in subjektive Rechte ein grds. Wiederherstellungsanspruch des Betroffenen besteht, kommt der Behörde regelmäßig kein Ermessen im Hinblick darauf zu, ob sie von der rechtlichen Interventionsmöglichkeit in die Rechte des Dritten tatsächlich Gebrauch macht. Regelmäßig liegt in diesen Fällen mithin eine Ermessensreduzierung auf Null vor. Lediglich in Ausnahmefällen können Ermessenserwägungen also dazu führen, dass ein Einschreiten gegen den Dritten von der Behörde abgelehnt werden kann.[380]

Hinweis: In der Literatur und auch in der Rechtsprechung ist es umstritten, ob sich der Folgenbeseitigungsanspruch im Falle rechtlicher oder tatsächlicher Unmöglichkeit der Wiederherstellung in einen Folgenentschädigungsanspruch (also eine Entschädigung in Geld) umwandelt oder nicht. Anerkannt ist eine solche Umwandlung allein im Falle der Unzumutbarkeit oder des Mitverschuldens (siehe sogleich).[381]

b) Zumutbarkeit

Die Herstellung muss zudem für die Behörde **zumutbar** sein. Eine Unzumutbarkeit liegt dann vor, wenn die Wiederherstellung mit einem unverhältnismäßigen Aufwand verbunden wäre. In Betracht kommt dies immer dann, wenn ein relativ geringer Eingriff nur mit erheblichen Kosten wieder beseitigt werden kann.

Beispiel: Eine kommunale Straße wird zu einem kleinen Teil (ein Meter Länge, 10 cm Breite) auf das Grundstück des E gebaut. Die Werteinbuße an dem Grundstück beträgt etwa 300 Euro. Die Beseitigung der Straße würde jedoch insgesamt mehr als 12.000 Euro kosten.

In solchen Fällen zieht die Rechtsprechung dann jedoch den **Rechtsgedanken des § 251 Abs. 2 BGB** heran. Der Folgenbeseitigungsanspruch wandelt sich also ausnahmsweise in einen sog. **Folgenentschädigungsanspruch**. Der Wertverlust wird folglich durch die Zahlung eines Geldbetrages ausgeglichen.

Im obigen Fall, kann E also allein eine Entschädigung in Höhe von 300 Euro verlangen. Eine Beseitigung der Straße ist hingegen ausgeschlossen.

c) Mitverschulden

Nach überwiegender Auffassung ist auch im Rahmen des FBA der Rechtsgedanke des **§ 254 BGB** heranzuziehen. Keine Probleme bereitet dies, wenn der FBA hinsichtlich der

---

[380] *Detterbeck/Windthorst/Sproll*, Staatshaftungsrecht, § 12 Rn 46.
[381] *Detterbeck*, Allgemeines Verwaltungsrecht Rn 1221. Siehe dazu auch *Hain*, VerwArch 95 (2004), 506; VGH München NVwZ 1999, 1237; BVerwGE 82, 24.

Mitverschuldensanteile tatsächlich teilbar ist. Oftmals ist der FBA hingegen auf eine unteilbare Leistung gerichtet.

Beispiel: Eine Mauer ist durch hoheitliches Handeln eingestürzt. Den Eigentümer trifft ein Mitverschulden in Höhe von 30%.

In solchen Fällen ist es nicht möglich, den Anspruch des Eigentümers auf Wiederherstellung der Mauer einfach um 30% zu kürzen. **Eine 70%-ige Mauer ist logisch nicht denkbar.** In der früheren Rechtsprechung stellte das BVerwG in solchen Fällen daher auf das Maß des Mitverschuldens ab. Sofern danach eine ins Gewicht fallende Mitverantwortlichkeit des Geschädigten vorlag (also etwa mehr als 50%), lehnte es den FBA insgesamt ab. War die Mitverschuldensquote demgegenüber geringer wurde der FBA vollständig gewährt.[382] Mittlerweile hat das BVerwG diese „**Alles oder nichts-Rechtsprechung**" aufgegeben. Stattdessen zieht es nunmehr den Rechtsgedanken des § 251 Abs. 1 BGB heran. Der Folgenbeseitigungsanspruch wandelt sich mithin in einen um den Mitverschuldensanteil gekürzten Folgenentschädigungsanspruch.

Regelmäßig wird der Bürger also einen entsprechenden Geldbetrag von der Behörde erhalten. Daneben wird man es aber für zulässig ansehen müssen, wenn der Bürger weiterhin die Wiederherstellung verlangt, sofern er sich verpflichtet, sich in Höhe seines Mitverschuldensanteils an den Kosten zu beteiligen.[383]

III. Inhalt des Anspruchs

Sind die Voraussetzungen des FBA erfüllt, so kann der Betroffene die **Beseitigung der** unmittelbar auf dem hoheitlichen Eingriff beruhenden **Folgen** verlangen, so dass der ursprüngliche Zustand wiederhergestellt wird. Nicht verlangt werden kann hingegen die Beseitigung lediglich mittelbar auf dem hoheitlichen Eingriff beruhender Folgen. Das Erfordernis der Unmittelbarkeit dient der Haftungsbeschränkung.

---

[382] Siehe etwa BVerwG DÖV 1971, 857.
[383] Siehe auch *Maurer*, Allgemeines Verwaltungsrecht, § 30 Rn 18.

Es handelt sich dabei letztlich um eine Frage der (wertenden) **Zurechnung**, die nicht formal sondern stets anhand der Besonderheiten des Einzelfalls mit Hilfe wertender Kriterien zu beantworten ist. Regelmäßig ist eine Zurechung an den Staat dabei ausgeschlossen, wenn die jeweiligen Folgen auf einem eigenen Entschluss des Betroffenen beruhen.[384] In einer Klausur ist an dieser Stelle eigene Argumentation gefragt.

Verlässt eine Person nach einer behördlichen **Wohnungseinweisung** nicht wieder die Wohnung, so handelt es sich dabei um typische und damit unmittelbare Folgen der behördlichen Maßnahme. Der Eigentümer kann also verlangen, dass die Behörde für eine Räumung sorgt.

Fraglich ist, ob dies auch dann gilt, wenn sich die betroffene Person bereits zuvor in der Wohnung aufhielt und die Behörde durch den Einweisungsbeschluss lediglich einer Räumung durch den Eigentümer zuvorkam. Wenn die Einweisungszeit abgelaufen ist, befindet sich der Eigentümer formal betrachtet nämlich bereits wieder in der Situation wie vor der Einweisung, so dass es einer Folgenbeseitigung durch behördliche Räumung nicht mehr bedarf. Teilweise wird daher in solchen Fällen tatsächlich gesagt, dass der Eigentümer keinen entsprechenden FBA-Anspruch hat. Der Eigentümer müsse nunmehr – wie bereits zuvor – die Räumung selbstständig auf dem Zivilrechtswege anstreben. Andernfalls wäre die Einweisung für den Eigentümer geradezu ein Glücksfall, da er dadurch letztlich die Kosten einer privaten Räumung erspare. Nach richtiger Ansicht wird man aber auch in solchen Fällen einen behördlichen Räumungsanspruch des Eigentümers anerkennen müssen. Denn der Eigentümer wurde in seinen privaten Räumungsbemühungen durch die Einweisung empfindlich gestört. Ohne die Einweisung wäre die Person also jedenfalls zum gegenwärtigen Zeitpunkt nicht mehr in der Wohnung (da eine private Räumung schon beendet wäre). Daher erscheint es im Ergebnis gerechtfertigt, die Behörde mit der Räumung zu belasten und ihr zuzurechnen, dass sich die Person noch in der Wohnung befindet. Demgegenüber handelt es sich bei mutwilligen Beschädigungen der Wohnung durch den Eingewiesenen lediglich um mittelbare Folgen. Ein FBA besteht hier also (wohl) nicht. Allerdings ergibt sich ein Entschädigungsanspruch regelmäßig aus den polizeigesetzlichen Regelungen bei der Inanspruchnahme einen Nichtstörers.

Verpflichteter des Anspruchs ist jeweils der Hoheitsträger der befugt ist, den vorherigen Zustand wieder herzustellen.[385]

---

[384] BVerwG DÖV 2001, 733.
[385] *Detterbeck*, Allgemeines Verwaltungsrecht Rn 1226.

IV. Rechtsweg und Verjährung

Der FBA ist vor den **Verwaltungsgerichten** geltend zu machen, es handelt sich um eine öffentlich-rechtliche Streitigkeit, § 40 Abs. 1 VwGO.

Hinsichtlich der statthaften **Klageart ist zu differenzieren.** Sofern der FBA die Beseitigung eines VA voraussetzt, ist Anfechtungsklage zu erheben, die mit einem Antrag auf Vollzugsfolgenbeseitigung nach § 113 Abs. 1 S. 2 VwGO zu kombinieren ist. Ist der VA bereits bestandskräftig, können dessen Folgen grds. nicht mehr beseitigt werden. Denkbar ist es jedoch, dass der Betroffene in einem solchen Fall Verpflichtungsklage auf die Aufhebung des bestandskräftigen VA nach § 48 VwVfG stellt. Diese kann dann mit einem Vollzugsfolgenbeseitigungsantrag analog § 113 Abs. 1 S. 2 VwGO verbunden werden. Im Übrigen – die Beseitigung der Folgen setzt also Realhandeln voraus – ist allgemeine Leistungsklage zu erheben.

Der FBA verjährt regelmäßig in **drei Jahren** (§ 195 BGB analog). Die absolute Verjährungsfrist beträgt nunmehr 10 Jahre (§ 199 Abs. 4 BGB analog).

Prüfungsschema zum Folgenbeseitigungsanspruch

1. Rechtsgrundlage
Diese ist umstritten. Überwiegend werden die Grundrechte herangezogen. Der FBA ist jedenfalls gewohnheitsrechtlich anerkannt.

2. Öffentlich-rechtliches Handeln

3. Eingriff in subjektive Rechte

4. Schaffung eines rechtswidrigen Zustands
Der bestehende Zustand ist insbesondere dann nicht rechtswidrig, wenn der Einzelne zu dessen Duldung verpflichtet ist. Dies ist etwa der Fall, wenn ein (auch rechtswidriger) VA vorliegt. Dieser muss dann zunächst angefochten werden oder sich auf andere Weise erledigen.

5. Rechtliche und tatsächliche Möglichkeit der Folgenbeseitigung
Die rechtliche Wiederherstellungsmöglichkeit setzt im Falle von notwendigen Eingriffen in die Rechte Dritter eine besondere Ermächtigungsgrundlage voraus. Der FBA selbst genügt dafür nicht.

6. Mitverschulden
Sofern kein teilbarer Wiederherstellungsanspruch vorliegt, wandelt sich der FBA in einen Folgenentschädigungsanspruch.

Literatur zum Folgenbeseitigungsanspruch

- *Bethge/Detterbeck*, Das folgenschwere Bardepot, Jura 1991, 550
- *Brosius-Gersdorf*, Vollzugsfolgenbeseitigung, JA 2010, 41
- *Brugger*, Gestalt und Begründung des Folgenbeseitiungsanspruchs, JuS 1999, 625
- *Bumke*, Der Folgenbeseitigungsanspruch, JuS 2005, 22
- *Detterbeck*, Die Obdachloseneinweisung mit Folgen, Jura 1990, 38
- *Erbguth*, Vom Folgenbeseitigungsanspruch zum Folgenentschädigungsanspruch, JuS 2000, 336
- *Kemmler*, Folgenbeseitigungsanspruch, Herstellungsanspruch und Unterlassungsanspruch, JA 2005, 908
- *Schoch*, Der Folgenbeseitigungsanspruch, Jura 1993, 478
- *Schliesky/Schwind*, Der unerträgliche Ehemann, JA 2004, 217
- *Sproll*, Der Folgenbeseitigungsanspruch, JuS 1996, 219
- *Will,* Die städtische Kunstfreiheit, JuS 2004, 701

Dritter Teil: Die Haftung der Union und der Mitgliedstaaten[386]

A. Einführung

Durch die europäische Integration sieht sich der Einzelne nicht mehr allein einer nationalen, sondern vielmehr auch einer **supranationalen Hoheitsgewalt** ausgesetzt. Die Europäische Union ist von den einzelnen Mitgliedstaaten mit eigenen Hoheitsrechten ausgestattet worden, das durch die Union gesetzte Recht besitzt nach mittlerweile allgemein anerkannter Auffassung Vorrang vor entgegenstehendem nationalen Recht. Sofern der Einzelne durch diese neue Form der Hoheitsgewalt geschädigt wird, muss er die Möglichkeit haben, diese Schäden von der Union ersetzt zu verlangen. Auch die Europäische Union ist **rechtsstaatlichen Grundsätzen** verpflichtet.[387] Es kommt damit also zu einer **Erweiterung der potenziellen staatshaftungsrechtlichen Anspruchsgegner**, indem die Europäische Union neben die Bundesrepublik als potenzielles Haftungs-subjekt tritt. Die möglichen Ansprüche gegen die Europäische Union sind im AEU-Vertrag in Art. 340 AEU geregelt (siehe unter B).

Daneben kommt es durch die Europäische Union auch zu einer gewissen **Modifikation bzw. Erweiterung der nationalen Haftungsinstitute**. Sofern nationale Hoheitsträger handeln, sind diese nun nicht mehr allein an das nationale, sondern ebenso an das Unionsrecht gebunden. Damit stellt sich die Frage, welche Ansprüche der Einzelne hat, wenn er dadurch geschädigt wird, dass nationale Stellen Unionsrecht (etwa im Rahmen des indirekten Vollzugs) verletzt haben. Anders als die Haftung der Union enthalten die Verträge für eine solche Haftung indes keinerlei Rechtsgrundlage. Diese musste daher vom Gerichtshof durch **Richterrecht** entwickelt werden, was im unmittelbaren Anschluss an die ersten Entscheidungen Anfang der neunziger Jahre vor allem in

---

[386] Ausführlich dazu *Thiele*, Haftungsrecht, in: Terhechte, Verwaltungsrecht der EU, § 39.

[387] Ansonsten dürfte die Bundesrepublik der Union auch gar nicht beitreten bzw. müsste sie wieder verlassen, siehe Art. 23 Abs. 1 GG.

Deutschland zu massiver Kritik an der extensiven Ausle-
gungsmethode des EuGH geführt hat (dazu unter C).

Beide Bereiche der Haftung – Unionshaftung und mitgliedstaatliche Haftung – sind durch die neuere Rechtsprechung
des Gerichtshofs nunmehr in ihren Haftungsvoraussetzungen im Wesentlichen angeglichen worden. Durch diese zu
begrüßende **Kohärenz** besteht damit ein einheitliches Haftungssystem im gesamten europäischen Verwaltungsver-
bund.

B. Die Haftung der Union[388]

Die Haftungsgrundlage für die Haftung der Union findet sich
in Art. 340 AEU. Grundlegend ist die Unterscheidung zwischen der vertraglichen Haftung (I) von der außervertrag-
lichen Haftung der Union (II). Auf die völkerrechtliche Haftung der Union soll an dieser Stelle nicht näher eingegangen
werden.

I. Die vertragliche Haftung

Die vertragliche Haftung umfasst Ansprüche gegen die
Union aus verwaltungs- oder privatrechtlichem Vertrag. Solche Verträge kann die Union ob ihrer Rechtspersönlichkeit
mit natürlichen oder juristischen Personen nach allgemeinen
Regeln schließen. Nach Art. 340 Abs. 1 AEU richtet sich diese vertragliche Haftung nach dem Recht, welches auf den
betreffenden Vertrag anzuwenden ist.

Für **privatrechtliche Verträge** wird gemeinhin angenommen, dass sich das anwendbare Recht nach dem Internationalen Privatrecht des Forumstaates richtet. Regelmäßig
wird dies zu einer Anwendung des nationalen Rechts
führen. Angesichts der Regelung des Art. 340 AEU erscheint
es indes überzeugender, ohne Rekurs auf das Internationale
Privatrecht unmittelbar auf das jeweilige nationale Recht

---

[388] Ausführlich zu den Zwecken dieser Haftung *Thiele*, Haftungsrecht, in: Terhechte, Verwaltungsrecht der EU, § 39.

zurückzugreifen.[389] Praktisch spielt diese Frage jedoch keine Rolle, da in den von der Union abgeschlossenen Verträgen, das anwendbare Recht regelmäßig ausdrücklich festgelegt wird.[390]

Für **öffentlich-rechtliche Verträge** gilt im Wesentlichen dasselbe, allerdings ist hier umstritten, ob sich diese nicht stets nach Unionsrecht zu richten haben. Da es den Vertragspartnern auch hier frei steht, das anwendbare Recht zu bestimmen, ist auch diese Frage indes eher akademischer Natur.

Zuständig für Schadensersatzansprüche aus vertraglicher Haftung der Union sind im Grundsatz die **nationalen Gerichte.**[391] Dies ergibt sich aus Art. 274 AEU, da eine ausdrückliche Zuweisung an die Unionsgerichte fehlt und erscheint angesichts der Tatsache, dass in materieller Hinsicht regelmäßig nationales Recht anzuwenden ist, auch zweckmäßig. Nach Art. 272 AEU besteht freilich die Möglichkeit in dem jeweiligen Vertrag eine Zuständigkeit der europäischen Gerichtsbarkeit zu begründen, was jedenfalls bei bedeutenden Verträgen auch regelmäßig geschieht.[392]

II. Die außervertragliche Haftung

Die außervertragliche Haftung erfasst im Grundsatz alle Schädigungen, die aus der Tätigkeit der Union resultieren und nicht auf einem vertraglichen Verhältnis nach Art. 340 Abs. 1 AEU beruhen.[393]

Nach Art. 340 Abs. 2 AEU richtet sich die außervertragliche Haftung der Union nach den **allgemeinen Rechtsgrund-**

---

[389] So auch *Detterbeck/Windthorst/Sproll*, § 5 Rn. 9 unter Hinweis darauf, dass es sich bei der Europäischen Union eben nicht um eine ausländische juristische Person im Sinne des Internationalen Privatrechts handelt. Siehe schon *Detterbeck*, AöR 125 (2000), S. 202 (206 f.).

[390] Es handelt sich dann im Falle der Kommission in der Regel um das belgische, im Falle der EZB um das deutsche und beim EuGH um das luxemburgische Recht, vgl. *Stelkens*, EuZW 2005, 299 (301). Häufig wird auch das Recht des Staates gewählt, in dem die Leistung erbracht wird, vgl. *Berg*, in: Schwarze, Art. 288 EG Rn. 7.

[391] *Schweitzer/Hummer/Obwexer*, Rn. 894; *Gellermann*, in: Streinz, EUV/EGV, Art. 288 EG Rn. 6; *Detterbeck/Windthorst/Sproll*, § 5 Rn 14; *Detterbeck*, AöR 125 (2000) S. 202 (208); *Lasok/Millett*, Rn. 148, 208 f.

[392] *Lageard*, in: Lenz/Borchardt, EU- und EG-Vertrag, Art. 288 EG Rn. 4; *Gellermann*, in: Streinz, EUV/EGV, Art. 288 EG, Rn. 6.

[393] Zum Begriff auch *Fuß*, RTDE 17 (1981), 1 (4).

sätzen, die den Rechtsordnungen der Union gemeinsam sind. Die materiellen Haftungsvoraussetzungen werden damit nicht primärrechtlich im Einzelnen festgelegt, deren Entwicklung wird vielmehr dem Gerichtshof übertragen, der sich indes an den – freilich selbstständig zu ermittelnden – mitgliedstaatlichen Rechtsgrundsätzen orientieren muss.

Durch Art. 340 Abs.1 AEU wird die **Rechtsvergleichung** damit quasi zum normativ-verbindlichen Programm erklärt und stellt nicht mehr allein eine zusätzliche, ergänzende Erkenntnisquelle dar. Diese Rechtsvergleichung ist ihrerseits jedoch auf die Rechtsordnungen der Mitgliedstaaten begrenzt – andere Rechtsordnungen dürfen damit grundsätzlich nicht herangezogen werden. Das europäische Haftungsrecht ist dadurch in besonderer Weise auf das Recht der Mitgliedstaaten bezogen, welches seinerseits von den entwickelten europäischen Grundsätzen beeinflusst wird. Art. 340 Abs. 2 AEU erzeugt so eine Art Kontinuum zwischen der mitgliedstaatlichen und der europäischen Rechtsordnung.[394]

Die einzelnen Grundsätze entwickelt der Gerichtshof im Sinne einer „**wertenden Rechtsvergleichung**", bei der weder der kleinste gemeinsame Nenner, noch das „Maximalhaftungsrecht" den Ausschlag geben. Berücksichtigt werden vielmehr auch die Besonderheiten der Unionsrechtsordnung.

Siehe dazu die Entscheidung *Schöppenstedt*. In dieser hatte der Generalanwalt ausgeführt, dass „für das Gemeinschaftsrecht nicht nur Regelungen maßgeblich [sind], die sich in allen Mitgliedstaaten finden, es ist nicht das niedrigste Niveau ausschlaggebend, und es gilt nicht, „die Norm der untersten Grenze" anzuwenden. Angezeigt ist vielmehr – wie stets, wenn sich die Rechtsprechung auf allgemeine Grundsätze bezieht – ein wertendes Vorgehen, bei dem insbesondere die speziellen Vertragsziele und die Besonderheiten der Gemeinschaftsstruktur berücksichtigt werden müssen [...]."[395]

---

[394] Im Einzelnen *Thiele*, Haftungsrecht, in: Terhechte, Verwaltungsrecht der EU, § 39.

[395] Schlussantrag GA *Roemer*, in Rs. 5/71, Slg. 1971, 975, 990.

Ein Anspruch gegen die Union hat danach die **folgenden Voraussetzungen**:

> - Es muss eine Handlung eines Unionsorgans vorliegen. Dazu zählen neben den Hauptorganen auch die Neben- und Hilfsorgane.
> - Dieses Organ muss eine drittschützende Rechtspflicht verletzt haben. Ein solcher Drittschutz fehlt etwa bei der alleinigen Verletzung von Form- oder Verfahrensvorschriften. Die Verletzung muss sich zudem als „hinreichend qualifiziert" darstellen.
> - Es muss letztlich ein ersatzfähiger Schaden kausal durch die betreffende Handlung verursacht worden sein.

Soweit die Voraussetzungen erfüllt sind, besteht gegen die Union ein Anspruch auf Schadensersatz. **Ein Verschulden der handelnden Organe ist nicht erforderlich.** Ersetzt werden auch der entgangene Gewinn und immaterielle Schäden. Ein eventuelles **Mitverschulden** des Anspruchstellers ist jedoch zu berücksichtigen. Haftungsschuldner ist stets die Union als Ganzes, die sich das Handeln ihrer Organe zurechnen lassen muss. Sie wird grds. von der Kommission und dem die Schädigung verursachenden Organ vertreten.

Die Haftung der Union stellt eine Unrechtshaftung dar. Stets ist es also erforderlich, dass das betreffende Organ rechtswidrig gehandelt hat. Ob das Unionsrecht daneben auch eine **Haftung für rechtmäßiges Handeln** kennt – wie dies etwa auch in Deutschland der Fall ist – war lange Zeit unklar. Nachdem das EuG unlängst einen solchen Anspruch im Grundsatz bejahte,[396] trat der Gerichtshof dem jedoch in der daraufhin ergangenen Rechtsmittelentscheidung entgegen.[397] Jedenfalls in der Praxis ist so ein „Aufopferungsanspruch" damit zunächst einmal ausgeschlossen.

Für einen solchen Anspruch spräche nicht zuletzt das Erfordernis eines umfassenden Individualrechtsschutzes auf Unionsebene. Ausführlich zu dieser Frage *Thiele*, Haftungsrecht, in: Terhechte, Verwaltungsrecht der EU, § 39 Rn 46 ff.

---

[396] EuG Rs. T-69/00 (*FIAMM*), Slg. 2005, II-0000.
[397] Siehe EuGH Rs. C-120/06 P und C-121/06 P (*FIAMM*), Slg. 2008, I-0000 Rn. 169.

Die Durchsetzung des Haftungsanspruchs erfolgt durch die **Amtshaftungsklage** nach Art. 268 AEU.

C. Die Haftung der Mitgliedstaaten

I. Überblick und Rechtsgrundlage

Soweit die Mitgliedstaaten Unionsrecht fehlerhaft vollziehen, ist fraglich, inwieweit sie für hierdurch entstandene Schäden haften. Hier **fehlt eine primärrechtliche Festlegung.** Die einzelnen Mitgliedstaaten kennen jeweils eigene Anspruchsgrundlagen, vgl. etwa § 839 BGB iVm Art. 34 GG, die jedoch sehr unterschiedlich ausgestaltet sind. Der EuGH hat daher im **Wege der Rechtsfortbildung einen übergreifenden unionsrechtlichen Haftungsanspruch** entwickelt und so zu einer gewissen Vereinheitlichung des europäischen Haftungsrechts beigetragen. Mittlerweile hat er zudem die Haftungsvoraussetzungen des Anspruchs aus Art. 340 Abs. 2 AEU denjenigen der mitgliedstaatlichen Haftung angeglichen, so dass nunmehr im Hinblick auf die Verletzung von Unionsrecht ein im Wesentlichen einheitliches Haftungsrecht in der gesamten Union besteht. Diese Entwicklung ist vor allem aus Sicht des einzelnen Unionsbürgers zu begrüßen, der von einem solchermaßen kohärenten Haftungssystem profitiert. Unterschiedliche Voraussetzungen einer Haftung abhängig von der den Verstoß begehenden Ebene, wären jedenfalls kaum nachvollziehbar.

Vor allem in der deutschen Literatur stieß die Rechtsprechung des Gerichtshofs und dessen Entwicklung eines Haftungsanspruchs gegen die Mitgliedstaaten jedoch auf äußerst harsche Kritik. Vorgeworfen wurde diesem eine Überschreitung der Kompetenzen der Union und ein nicht zu rechtfertigender Eingriff in den staatlichen Hoheitsbereich der Staatsfinanzen.

Inhaltlich konnte diese Kritik zu keinem Zeitpunkt überzeugen, wenngleich zuzugeben ist, dass die Herleitung der Haftung in der Rechtssache *Francovich*[398] in der Tat äußerst knapp ausfällt und nur wenige Seiten

---

[398] EuGH, Slg. 1991, I-5357.

umfasst. Angesichts der bestehenden Aufteilung der Vollzugskompetenzen, bei denen der Großteil des Vollzugs des Unionsrechts bei den Mitgliedstaaten angesiedelt ist, wäre der Schutz der unionsrechtlich begründeten Rechte des Einzelnen aber tatsächlich lückenhaft, wenn eine Ersatzpflicht der Mitgliedstaaten für Schädigungen, die auf einem Unionsrechtsverstoß beruhen, nicht bestünde.

Mittlerweile sind die Grundsätze auch allgemein anerkannt, die Kritik bezieht sich allenfalls noch auf einzelne Ausgestaltungen (etwa die Haftung der Judikative) nicht aber auf das Institut als solches.

Die Entscheidung, in der der Gerichtshof den mitgliedstaatlichen Haftungsanspruch begründete, war die Rechtssache *Francovich*.[399] Thematisch ging es dabei um die Haftung der Mitgliedstaaten für die Nichtumsetzung von Richtlinien. Mittlerweile hat der EuGH diese Grundsätze jedoch auf die Fälle einer fehlerhaften Umsetzung von Richtlinien, der Nichtanpassung von nationalen Gesetzen an das primäre Unionsrecht sowie für behördliche Verstöße gegen (primäres) Unionsrecht (einschließlich der Judikative) erweitert.[400] Entscheidend ist damit mittlerweile allein ein Verstoß gegen Unionsrecht, unabhängig davon welcher Art dieser sein sollte und welche nationale Gewalt diesen begangen haben sollte.

Dieser Anspruch findet seine Grundlage zwar unmittelbar im Unionsrecht, wird laut EuGH indes „**im Rahmen des nationalen Haftungsrechts**"[401] geltend gemacht, was dem Gedanken der Subsidiarität entspricht. Allerdings darf die Anwendung des nationalen Rechts nach dem Effektivitätsgedanken nicht dazu führen, dass die Geltendmachung des unionalen Haftungsanspruchs unmöglich gemacht wird. Im Grundsatz wird man dabei sagen können, dass nationale Regelungen die Haftung dem Grunde nach nicht ausschließen dürfen, wenn die unionsrechtlichen Haftungsvoraussetzungen erfüllt sind. Lediglich die Haftungsausfüllung (et-

---

[399] EuGH Slg. 1991, I-5357.
[400] Dazu *Detterbeck/Windthorst/Sproll*, Staatshaftungsrecht 2000, § 6 Rn 25.
[401] EuGH Slg. 1996, I-1029.

wa Art und Umfang des Schadensersatzes, Haftungsgegner) ist eigenständigen nationalen Regelungen zugänglich.

Ein Fallbeispiel zur Haftung der Mitgliedstaaten findet sich bei *Thiele*, Standardfälle Europarecht, Fall 9.

II. Haftungsvoraussetzungen

Der Anspruch setzt die hinreichend qualifizierte (2) Verletzung einer unionsrechtlichen Schutznorm voraus (1), die zu einem kausalen Schaden des Einzelnen geführt hat (3). Die Haftungsvoraussetzungen entsprechen damit im Grundsatz denjenigen der Haftung der Union nach Art. 340 Abs. 2 AEU (Stichwort: **Kohärentes Haftungssystem**).

1. Die Verletzung einer Schutznorm

Zunächst muss durch eine mitgliedstaatliche Stelle eine **unionsrechtliche Schutznorm verletzt** worden sein, d.h. eine Norm, die nicht ausschließlich im Interesse der Allgemeinheit besteht, sondern zumindest auch im Interesse des Betroffenen.

Wichtige primärrechtliche Schutznormen sind vor allem die **Grundfreiheiten** des AEU-Vertrages.[402] Schutznormen können darüber hinaus aber auch sekundärrechtlich geregelt sein, etwa in Richtlinien oder Verordnungen.

Die Verletzung der Schutznorm kann durch ein Tun oder Unterlassen des jeweiligen Mitgliedstaats begangen werden. Erfasst ist auch der Erlass oder Nichterlass eines formellen Gesetzes.[403] **Der unionsrechtliche Staatshaftungsanspruch greift also auch im Falle legislativen Unrechts.** Hierin liegt ein wesentlicher und bedeutender Unterschied zum nationalen Amtshaftungsanspruch. Eine Haftung ist also auch dann möglich, wenn der parlamentarische Gesetzgeber gegen eine unionale Schutznorm verstößt. Der

---

[402] Zu den Grundfreiheiten *Thiele*, JA 2005, 621 sowie *ders.*, Europarecht, § 12 ff.

[403] Hier liegt gerade ein wesentlicher Unterschied zum deutschen Amtshaftungsanspruch, der legislatives Unrecht nach überwiegender Auffassung grds. nicht erfasst, s.o.

Verstoß kann zum einen im **Erlass** eines gegen europäische Regelungen verstoßenden Gesetzes liegen.

Beispiel: Der Bundestag erlässt ein Gesetz, das gegen die Warenverkehrsfreiheit des Art. 34 AEU verstößt, wodurch ein Geschäftsinhaber erhebliche Umsatzeinbußen erleidet. Oder: Ein in der Richtlinie vorgesehenes Recht wird durch den Bundestag nur ungenügend umgesetzt, wodurch dem Einzelnen ein Schaden entsteht.

Denkbar ist darüber hinaus aber auch der Fall, dass es der nationale Gesetzgeber unterlässt, eine unionsrechtlich geforderte Norm zu erlassen. Klassisches und besonders klausurrelevantes Beispiel ist in diesem Zusammenhang die **nicht rechtzeitige Umsetzung einer europäischen Richtlinie**, die subjektive Rechte des Einzelnen vorsieht. Dazu folgendes

Beispiel: (nach EuGH, NJW 1991, 5357, *Francovich*): Die Richtlinie 80/987 EWG sieht einen Mindestschutz für Arbeitnehmer bei Zahlungsunfähigkeit des betreffenden Arbeitgebers vor. Davon erfasst werden insbesondere bestehende Lohnansprüche. Erreicht werden soll dies durch einen unabhängigen Garantiefonds, den die Staaten in einer bestimmten Frist einzurichten haben. Nachdem der Arbeitnehmer F ohne Erfolg die Zwangsvollstreckung gegen seinen Arbeitgeber betrieben hatte, verklagt er den Staat I auf Schadensersatz, da I seiner Umsetzungsfrist nicht nachgekommen sei. **Mit Erfolg?**

Richtlinien als grds. **zweistufiger Rechtsakt** setzen prinzipiell voraus, dass sie von den Mitgliedstaaten innerhalb einer bestimmten Frist umgesetzt werden. Bis dies geschieht, können sich einzelne Unionsbürger im Grundsatz nicht auf die in der Richtlinie aufgeführten Bestimmungen berufen.

Etwas anderes gilt nur im seltenen Fall der sog. **unmittelbaren Wirkung** von Richtlinien. Eine solche kommt allerdings nur in Betracht, wenn die Umsetzungsfrist der Richtlinie abgelaufen ist, ohne dass sie vollständig oder richtig in nationales Recht umgesetzt worden ist. Zudem müssen aber auch die Bestimmungen der Richtlinie inhaltlich unbedingt und hinreichend genau bestimmt sein. Letzteres ist im **Beispielsfall** nicht gegeben. Zwar ist die Umsetzungsfrist abgelaufen, allerdings lässt sich aus den Normen der Richtlinie nicht ablesen, wer Schuldner der angesprochenen Garantieansprüche sein soll. Dem jeweiligen Staat verbleibt hier ein großer Spielraum. Deshalb kommt auch nicht pauschal der Staat als solcher als Schuldner in Betracht, da durchaus andere Lösungsmöglichkeiten (wie etwa eine neue allgemeine Versicherung) denkbar wären. Eine unmittelbare Wirkung der Richtlinie scheidet hier mithin aus.

In Fällen fehlerhafter oder unterbliebener Umsetzung bleibt die Richtlinienbestimmung damit für den Einzelnen völlig wirkungslos. Um den Staat zu einer zügigen Umsetzung der Richtlinie anzuhalten, hat der EuGH daher festgestellt, dass **ein solches Verhalten einen Staatshaftungsanspruch nach sich ziehen kann**, sofern die Richtlinie auf die Gewährung subjektiver Rechte des Einzelnen abzielt. Ausreichend ist also die bloße „Verheißung" eines subjektiven Rechts in der jeweiligen Richtlinie.[404] So verhält es sich auch im vorliegenden Beispielsfall. Zwar sind die Rechte nicht so hinreichend bestimmt, dass eine unmittelbare Wirkung in Betracht käme. Hier zielte die Richtlinie jedoch jedenfalls erkennbar darauf ab, dem einzelnen Arbeitnehmer einen Garantieanspruch gegen den zahlungsunfähigen Arbeitgeber (und damit also Rechte) zu verleihen, wobei auch dessen Mindesthöhe aus der Richtlinie erkennbar war. Damit liegt in der Nichtumsetzung innerhalb der gesetzten Frist auch die Verletzung einer unionsrechtlichen Schutznorm.

Achtung: Nicht jede Nichtumsetzung einer Richtlinie zieht also Schadensersatzansprüche nach sich. Dies ist nur der Fall, wenn die Richtlinie darauf abzielt, dem Einzelnen Rechte zu gewähren.

Zu beachten ist auch Folgendes: Der Mitgliedstaat kann einer Haftung nicht dadurch entgehen, dass er einwendet, dass die Umsetzungsfrist zu kurz bemessen gewesen sei, so dass eine rechtzeitige Umsetzung gar nicht möglich war. In einem solchen Fall muss der Mitgliedstaat vielmehr rechtzeitig vor Ablauf der Frist versuchen, bei den unionalen Institutionen eine Verlängerung der Frist zu erreichen. Immerhin ist er ja durch seine Mitgliedschaft im Rat über den Lauf der Frist bestens informiert, bzw. hat deren Länge selbst mitbestimmt.

Umstritten war lange Zeit, ob eine Haftung auch durch unions-rechtswidrige nationale Gerichtsentscheidungen ausgelöst werden kann, insbesondere ob das Richterprivileg des § 839 Abs. 2 BGB Anwendung findet.[405] Der EuGH hat

---

[404] *Cornils*, Der gemeinschaftsrechtliche Staatshaftungsanspruch, S. 124.
[405] Siehe hierzu *Wegener*, EuR 2002, 785; *Deckert*, EuR 1997, 203.

in der **Entscheidung** *Köbler*[406] nunmehr festgestellt, dass der Grundsatz der mitgliedstaatlichen Haftung ganz generell auch anwendbar ist, wenn der Verstoß durch die Entscheidung eines letztinstanzlichen Gerichts begangen wird.[407] Dies folge daraus, dass der betreffende Mitgliedstaat völkerrechtlich als Einheit zu betrachten sei, unabhängig davon, welche Gewalt den jeweiligen Verstoß begehe.

Allerdings sind im Rahmen der weiteren Prüfung die Besonderheiten der richterlichen Unabhängigkeit zu berücksichtigen. Dies gilt vor allem für die Frage, ob sich die Verletzung des Unionsrechts auch als hinreichend qualifiziert darstellt (siehe sogleich).

Damit besteht nunmehr im Grundsatz also eine **Staatshaftung für Verstöße gegen Unionsrecht durch alle drei Gewalten.**

Der haftende Hoheitsträger wird durch das Unionsrecht nicht festgelegt. Dies stellt damit einen Bereich dar, in dem der „nationale Haftungsrahmen" Anwendung findet. Gerade in Bundesstaaten ist es aus unionsrechtlicher Sicht nicht zu beanstanden, wenn nationale Haftungsregelungen die Gliedstaaten als haftende Körperschaft bestimmen.[408] Aber auch andere selbstständige öffentlich-rechtliche Körperschaften, Anstalten oder Stiftungen sind zulässige Anspruchsgegner. Aus dem Effizienzgebot ergibt sich indes die Notwendigkeit einer **subsidiären Haftung des Gesamtstaates**, wenn eine Inanspruchnahme des vorgesehenen Haftungssubjekts aus rechtlichen oder tatsächlichen Gründen nicht oder nicht ausreichend möglich sein sollte.[409]

2. Hinreichend qualifiziert

Der Rechtsverstoß muss **hinreichend qualifiziert** sein.[410] Wesentliches Kriterium ist wie im Falle der Haftung der Union, ob das mitgliedstaatliche Organ die Grenzen des ihm durch das Unionsrecht eingeräumte Ermessen **offenkundig**

---

[406] EuGH NJW 2003, 3539. Siehe hierzu *Kremer*, NJW 2004, 480; *Frenz*, DVBl. 2003, 1522; *Gundel*, EWS 2004, 8.
[407] Dazu auch *Schöndorf-Handbold*, JuS 2006, 112.
[408] Siehe auch *Travers*, ELRev. 22 (1997), 173 (173 ff.) sowie *Tridimas*, CMLRev. 38 (2001), 301 (317 ff.).
[409] Vgl. EuGH, Slg. 2000, I-5123 Rn. 34.
[410] Dazu auch Koenig, EWS 2009, 249 ff.

und erheblich überschritten hat.[411] Bei der Bestimmung des Grades der Verletzung sind allerdings die **funktionsspezifischen Besonderheiten** des handelnden Organs zu berücksichtigen. Im Ergebnis bestehen daher Unterschiede, je nachdem, ob es sich um einen Fall der administrativen, legislativen oder judikativen Haftung handelt. Die Feststellung, ob im jeweiligen Fall eine hinreichend qualifizierte Verletzung vorliegt, obliegt den nationalen Gerichten. Diese müssen jedoch die EuGH-Rechtsprechung berücksichtigen. In Zweifelsfällen haben alle mitgliedstaatlichen Gerichte die Möglichkeit und letztinstanzliche Gerichte die Pflicht, den EuGH im Wege der **Vorabentscheidung** einzubeziehen, der dann zum Teil äußerst detaillierte Vorgaben in Bezug auf den jeweiligen Einzelfall gibt. Sofern dem Gerichtshof alle notwendigen Informationen in tatsächlicher Hinsicht bekannt sind, prüft dieser das Vorliegen der Haftungsvoraussetzungen ausnahmsweise auch selbst.[412]

Fraglich ist, wann im Falle der **fehlerhaften Richtlinienumsetzung** ein hinreichend qualifizierter Verstoß vorliegt. Dabei geht der EuGH jedenfalls davon aus, dass ein solcher stets gegeben ist, wenn der betreffende Mitgliedstaat innerhalb der Umsetzungsfrist keinerlei Maßnahmen getroffen hat, um die Richtlinie umzusetzen. Hier ist der nationale Gesetzgeber also völlig untätig geblieben. Probleme bereitet diese Frage jedoch dann, wenn der Gesetzgeber eine Umsetzung vorgenommen hat, diese jedoch fehlerhaft oder unvollständig erfolgte. Ab welcher Schwelle hier von einem solchen Verstoß gesprochen werden kann, ist zweifelhaft. Der EuGH verlangt, dass der Mitgliedstaat die ihm für sein Handeln aus dem Unionsrecht gesetzten Ermessensgrenzen offenkundig und erheblich überschritten hat.[413]

Im Falle eines schutznormverletzenden letztinstanzlichen **Gerichtsurteils** kommt eine Haftung nur in Betracht, wenn das Gericht „**offenkundig gegen das geltende Recht**" verstoßen hat. Eine Verletzung der Vorlagepflicht nach Art. 267 Abs. 3 AEU genügt wohl für sich genommen noch nicht.[414] Der Grund für diese Verschärfung der Haftungsvoraussetz-

---

[411] Siehe etwa EuGH, Slg. 1998, I-1531 Rn. 109. Dazu auch *Tridimas*, CMLRev. 38 (2001), 301 (310 ff.).
[412] Vgl. EuGH, Slg. 1996, I-5063 Rn. 49.
[413] EuGH, Slg. 1996, I-1631, 1668.
[414] Siehe hierzu auch die Besprechung von *Obwexer*, EuZW 2003, 726 (727).

ungen liegt in der richterlichen Unabhängigkeit. Die funktionsspezifischen Unterschiede der Haftung zeigen sich an dieser Stelle damit besonders deutlich.

3. Schaden und Kausalität

Der eingetretene Schaden muss kausal auf dem Verstoß gegen Unionsrecht beruhen. Hier kann im Wesentlichen auf die aus dem deutschen Recht bekannte **Äquivalenztheorie** verwiesen werden.

III. Rechtsfolge

Liegen die oben genannten Voraussetzungen vor, so richten sich die Art und der Umfang der Haftung im Grundsatz nach **nationalen Grundsätzen.** Dabei ist jedoch zu beachten, dass die nationale Ausgestaltung der Haftungsfolgen eine effektive Haftung gewährleisten muss; der unionsrechtliche Anspruch darf also nicht unterlaufen werden.[415]

In diesem Zusammenhang untersagt ist dabei zunächst eine Diskriminierung der unionalen Ansprüche im Vergleich zu ähnlichen nationalen Ansprüchen. Unzulässig ist daher etwa eine Regelung, die eine Ausschlussfrist für unionsrechtliche Ansprüche enthält, die im Vergleich zu nationalen Ansprüchen deutlich kürzer ist.[416] Zudem darf der Anspruch insgesamt nicht so ausgestaltet sein, dass das Erlangen einer Entschädigung übermäßig erschwert oder praktisch unmöglich gemacht wird.

Hinsichtlich der Art der Haftung wird man wohl davon ausgehen können, dass neben einer möglichen **Naturalrestitution** auch eine Beschränkung auf die Gewährung einer **Geldentschädigung** zulässig ist. Da in Deutschland bisher keine besonderen Haftungsregelungen für den unionalen Staatshaftungsanspruch bestehen, richtet sich die Art und der Umfang des Schadensersatzes nach den allgemeinen Regeln **der §§ 249 ff. BGB.** Geschuldet ist damit im Grundsatz **Naturalrestitution.**

---

[415] *Baldus/Grzeszick/Wienhues*, Staatshaftungsrecht Rn 230 ff.
[416] EuGH Slg. 1997, I-4046.

Anders als im deutschen Amtshaftungsanspruch ist eine solche auch nicht ausgeschlossen, da es sich hier nicht um einen übergeleiteten, sondern um einen unmittelbar gegen den Staat gerichteten Anspruch handelt.

Nach den allgemeinen Regelungen wird man daher aber auch **§ 254 BGB** auf den unionsrechtlichen Anspruch anwenden können. Dies folgt nicht zuletzt aus der Überlegung, dass entsprechende Normen in allen europäischen Rechtsordnungen vorhanden sind. Ein Mitverschulden des Geschädigten kann also zu einer Anspruchskürzung oder – in besonderen Fällen – gar zu einem vollständigen Anspruchsausschluss führen. Ein Mitverschulden ist auch dann anzunehmen, wenn es der Betroffene schuldhaft versäumt hat, rechtzeitig geeignete Rechtsmittel zu ergreifen.

Zur Frage der Anwendbarkeit des **Verweisungsprivilegs** des § 839 Abs. 1 S. 2 BGB siehe *Thiele*, Haftungsrecht, in: Terhechte, Verwaltungsrecht der EU, § 39 Rn 94. Das Spruchrichterprivileg des § 839 Abs. 2 S. 1 BGB ist nicht anwendbar. Die besondere Stellung der Judikative ist aber bei der Bestimmung der hinreichend qualifizierten Verletzung zu berücksichtigen.

Die Verjährung richtet sich nach den **allgemeinen nationalen Grundsätzen**, Grenzen setzt wiederum allein das Effektivitätsgebot. Der Gerichtshof ist in diesem Bereich indes äußerst großzügig und hat jüngst sogar eine nationale Verjährungsfrist von nur einem Jahr akzeptiert.[417] Gerade für den Bereich des legislativen Unrechts erscheint es indes fraglich, ob eine solch kurze Frist tatsächlich einen hinreichend effektiven Individualrechtsschutz gewährleistet. In Deutschland sind jedenfalls ohne Weiteres die allgemeinen Regelungen anzuwenden, so dass sich die Verjährung nach den §§ 194 ff. BGB bestimmt und nach § 195 BGB regelmäßig drei Jahre beträgt.

Sofern man den unionsrechtlichen Staatshaftungsanspruch als eine Form der Amtshaftung ansieht, sind für diesen nach Art. 34 GG, § 40 VwGO die **ordentlichen Gerichte** zuständig. Erste Instanz sind nach § 71 Abs. 2 Nr. 2 GVG die Landgerichte. Sofern unionsrechtliche Fragen aufkommen,

---

[417] EuGH, Slg. 1997, I-4025 Rn. 27 f.

besteht für alle nationalen Gerichte die Möglichkeit und für letztinstanzliche die Pflicht, den Gerichtshof nach Art. 267 AEU anzurufen, wodurch die **notwendige Kohärenz** im gesamten Unionsgebiet gesichert ist.

IV. Exkurs: Prüfung in der Klausur[418]

Probleme bereitet die Frage, wie der unionsrechtliche Anspruch in einer **Klausur** zu prüfen ist. Fraglich ist insbesondere der „Rahmen des nationalen Haftungsrechts". Welche nationalen Bestimmungen bleiben anwendbar und welche nicht? In einer Klausur empfiehlt sich wohl folgendes Vorgehen: Zunächst sollten die nationalen Ansprüche (also insbesondere die Amtshaftung des § 839 BGB iVm Art. 34 GG) ohne Rücksicht auf das Europarecht geprüft werden. Allerdings sollte in der Klausur/Hausarbeit klargestellt werden (am besten in einer Fußnote), dass zunächst allein der nationale Anspruch geprüft wird, um Irritationen des Korrektors vorzubeugen. Anschließend sollte dann der unionsrechtliche Anspruch bearbeitet werden.[419]

Fallbeispiel bei *Thiele*, Standardfälle Europarecht, Fall 9 sowie bei *Degenhart*, Klausurenkurs im Staatsrecht, Fall 17 (der aber zuerst unionsrechtliche Ansprüche prüft).

Als Haftungsrahmen für die Prüfung dient der **Amtshaftungsanspruch**; insoweit sollte sich auch der Prüfungsaufbau am gewohnten Schema orientieren.[420] Bei den einzelnen Prüfungspunkten muss dann aber jeweils geklärt werden, ob diese angesichts der europarechtlichen Vorgaben zu modifizieren sind oder nicht.[421] Gerade im Falle legislativen Unrechts ergeben sich hier erhebliche Unterschiede. Im Wesentlichen kann dann allein hinsichtlich der Frage des Haftungsschuldners und des Rechtswegs auf die üblichen Amtshaftungsgrundsätze zurückgegriffen werden.

---

[418] Übungsklausur in diesem Sinne bei *Seidel/Reimer/Möstl*, Allgemeines Verwaltungsrecht mit Kommunalrecht 2003, Fall 8.

[419] Im Einzelfall ist es aber auch ebenso gut vertretbar, den nationalen Anspruch nach den europarechtlichen Vorgaben zu modifizieren. Allerdings sollte stets der Unterschied zur rein nationalen Rechtslage verdeutlicht werden.

[420] So auch *Detterbeck/Windthorst/Sproll*, Staatshaftungsrecht 2000, § 6 Rn 57 ff.

[421] Siehe dazu auch die Übersicht bei *Frenz*, Öffentliches Recht, S. 344.

Prüfungsschema zum unionsrechtlichen Staatshaftungsanspruch

1. Rechtsgrundlage
Richterrechtliche Rechtsfortbildung durch den EuGH

2. Öffentlich-rechtliches Handeln
In Betracht kommt hier ein Handeln aller drei Gewalten, also auch der Legislative und Judikative.

3. Verletzung einer unionsrechtlichen Schutznorm
Der Mitgliedstaat muss zunächst eine unionsrechtliche Schutznorm verletzt haben. In Betracht kommen vor allem Verstöße gegen die europäischen Grundfreiheiten sowie die Nicht- oder Falschumsetzung europäischer Richtlinien, soweit diese Rechte begründen sollen.

4. Hinreichend qualifizierter Verstoß
Der Verstoß muss hinreichend qualifiziert sein, was grds. eine offenkundige und erhebliche Überschreitung der unionsrechtlichen Ermessengrenzen voraussetzt. Ein solcher Verstoß liegt immer dann vor, wenn eine Richtlinie innerhalb der Frist überhaupt nicht umgesetzt wird. Ansonsten ist auf das Maß der Klarheit der verletzten Norm, den Umfang des gegebenen Ermessensspielraums sowie den Verschuldensgrad abzustellen. Im Falle der Judikative bedarf es eines offenkundigen Verstoßes gegen das geltende Recht.

5. Kausal verursachter Schaden

6. Mitverschulden
Dieses ist als allgemeiner europäischer Rechtsgrundsatz zu berücksichtigen.

7. Art und Umfang des Schadensersatzes
Es ist Schadensersatz nach den allgemeinen Regeln zu ersetzen. In Betracht kommt dabei auch eine Naturalrestitution (gerade anders als im Bereich der Amtshaftung), da es sich nicht um eine übergeleitete Haftung handelt.

8. Anspruchsgegner
Es haftet derjenige Hoheitsträger, der gegen die jeweilige Schutznorm verstoßen hat. Hier sind die allgemeinen Amtshaftungsgrundsätze anwendbar (Anvertrauens-theorie etc.).

9. Verjährung
Die Verjährungsfrist richtet sich nach den §§ 194 ff. BGB.

Literatur zum unionsrechtlichen Staatshaftungsanspruch

- *Dörr*, Der gemeinschaftsrechtliche Staatshaftungsanspruch in der Rechtsprechung des Bundesgerichtshofs, DVBl. 2006, 598
- *Dörr*, Der unionsrechtliche Staatshaftungsanspruch in Deutschland zwanzig Jahre nach Francovich, EuZW 2012, 86
- *Fischer*, Die gemeinschaftsrechtliche Staatshaftung, JA 2000, 348
- *Guckelberger,* Verjährung von Staatshaftungsansprüchen wegen Unionsrechtsverstößen, EuR 2011, 75
- *Hellwig/Moos,* Problemfelder der unionsrechtlichen Staatshaftung für judikatives Unrecht, JA 2011, 196
- *Kling*, Die Haftung der Mitgliedstaaten der EG bei Verstößen gegen das Gemeinschaftsrecht, Jura 2005, 298
- *Saenger*, Staatshaftung wegen der Verletzung europäischen Gemeinschaftsrechts, JuS 1997, 865
- *Schöndorf-Haubold*, Die Haftung der Mitgliedstaaten für die Verletzung von EG-Recht durch nationale Gerichte, JuS 2006, 112
- *Thiele*, Standardfälle Europarecht, Fall 9

▶ Unsere 📖 Skripten 📇 Karteikarten 🎧 Hörbücher (CD & MP3)

Zivilrecht

- 📖 Standardfälle für Anfänger (7,90 €)
- 📖 🎧 Standardfälle BGB AT (7,90 €)
- 📖 🎧 Standardfälle Schuldrecht (7,90 €)
- 📖 🎧 Standardfälle Ges. Schuldverh., §§ 677, 812,823
- 📖 🎧 Standardfälle Sachenrecht (9,90 €)
- 📖 🎧 Standardfälle Familien- und Erbrecht (9,90 €)
- 📖 Klausuren Übung für Fortgeschrittene (7,90 €)
- 📖 🎧 Basiswissen BGB (AT) (Frage-Antwort)
- 📖 🎧 Basiswissen SchuldR (AT) 📖 🎧 SchuldR (BT) (7 €)
- 📖 🎧 Basiswissen Sachenrecht, 📖 🎧 FamR, 📖 🎧 ErbR
- 📖 Einführung in das Bürgerliche Recht (7,90 €)
- 📖 Studienbuch BGB (AT) (12 €)
- 📖 Studienbuch Schuldrecht (AT) (12 €)
- 📖 Schuldrecht (BT) 1 - §§ 437, 536. 634, 670 ff. (7,90 €)
- 📖 Schuldrecht (BT) 2 - §§ 812, 823, 765 ff. (7,90 €)
- 📖 SachenR 1 – Bewegl. S., 📖 SachenR 2 – Unb. S. (7,9 €)
- 📖 Familienrecht und 📖 Erbrecht (Einführungen) (7,90 €)
- 📖 Streitfragen Schuldrecht (7,90 €)
- 📖 🎧 Definitionen für die Zivilrechtsklausur (9,90 €)

Strafrecht

- 📖 🎧 Standardfälle für Anfänger Band 1 (9,90 €)
- 📖 Standardfälle für Anfänger Band 2 (7,90 €)
- 📖 Standardfälle für Fortgeschrittene (12 €)
- 📖 🎧 Basiswissen Strafrecht (AT) (Frage-Antwort)
- 📖 🎧 Basiswissen Strafrecht BT 1 und 📖 🎧 BT 2 (7 €)
- 📖 Strafrecht (AT) (7,90 €)
- 📖 Strafrecht (BT) 1 – Vermögensdelikte (9,90 €)
- 📖 Strafrecht (BT) 2 – Nichtvermögensdelikte (9,90 €)
- 📖 🎧 Definitionen für die Strafrechtsklausur (7,90 €)

Irrtümer und Änderungen vorbehalten!

Öffentliches Recht

- 📖 Standardfälle Staatsrecht I – StaatsorgaR (9,90 €)
- 📖 Standardfälle Staatsrecht II – Grundrechte (9,90 €)
- 📖 🎧 Standardfälle f. Anfänger (StaatsorgaR u. GRe) (7,9 €)
- 📖 Standardfälle Verwaltungsrecht (AT) (9,90 €)
- 📖 Standardfälle Polizei- und Ordnungsrecht (9,90 €)
- 📖 Standardfälle Baurecht (9,90 €)
- 📖 Standardfälle Europarecht (9,90 €)
- 📖 Standardfälle Kommunalrecht (9,90 €)
- 📖 🎧 Basiswissen StaatsR I –StaatsorgaR (Fr-Antw.) (7 €)
- 📖 🎧 Basiswissen StaatsR II –GrundR (Frage-Antw.) (7 €)
- 📖 Basiswissen VerwaltungsR AT– (Frage-Antwort) (7 €)
- 📖 Studienbuch Staatsorganisationsrecht (9,90 €)
- 📖 Studienbuch Grundrechte (9,90 €)
- 📖 Studienbuch Verwaltungsrecht AT (12 €)
- 📖 Studienbuch Europarecht (12,90 €)
- 🎧 Basiswissen Europarecht
- 📖 Staatshaftungsrecht (9,90 €)
- 📖 VerwaltungsR AT 1 – VwVfG u. 📖 AT 2–VwGO (7,90 €)
- 📖 VerwaltungsR BT 1 – POR (9,90 €)
- 📖 VerwaltungsR BT 2 – BauR 📖 BT 3 – UmweltR (9,90 €)
- 📖 🎧 Definitionen Öffentliches Recht (9,90 €)

Steuerrecht

- 📖 Abgabenordnung (AO) (9,90 €)
- 📖 Erbschaftsteuerrecht (9,90 €)
- 📖 Steuerstrafrecht/Verfahren/Steuerhaftung (7,90 €)

Sozialrecht

- 📖 Kinder- und Jugendhilferecht (7,90 €)
- 📖 Sozialrecht (9,90 €)

Nebengebiete

- 📖 🎧 Standardfälle Handels- & GesR (9,90 €)
- 📖 🎧 Standardfälle Arbeitsrecht (9,90 €)
- 📖 Standardfälle ZPO (9,90 €)
- 📖 🎧 Basiswissen HandelsR (Frage-Antwort) (7,9 €)
- 📖 🎧 Basiswissen Gesellschaftsrecht (9,90 €)
- 📖 🎧 Basiswissen ZPO (Frage-Antwort) (7,90 €)
- 📖 🎧 Basiswissen StPO (Frage-Antwort) (7,90 €)
- 📖 Handelsrecht (9,90 €)
- 📖 Gesellschaftsrecht (9,90 €)
- 📖 Arbeitsrecht (9,90 €)
- 📖 Kollektives Arbeitsrecht (9,90 €)
- 📖 ZPO I – Erkenntnisverfahren (9,90 €)
- 📖 ZPO II – Zwangsvollstreckung (9,90 €)
- 📖 Strafprozessordnung – StPO (9,90 €)
- 📖 Einf. Internationales Privatrecht - IPR (9,90 €)
- 📖 Standardfälle IPR (9,90 €)
- 📖 Einf. Internationales Wirtschaftsrecht (9,90 €)
- 📖 Insolvenzrecht (9,90 €)
- 📖 Gewerbl. Rechtsschutz/Urheberrecht (9,90 €)
- 📖 Wettbewerbsrecht (9,90 €)
- 📖 Ratgeber 500 Spezial-Tipps für Juristen (12 €)
- 📖 Mediation (7,90 €)
- 📖 Sportrecht (9,90 €)

Karteikarten (je 9,90 €)

- 📇 Zivilrecht: BGB AT/SchuldR/Grundlagen/Schemata
- 📇 Strafrecht: AT/BT-1/BT-2/Streitfragen
- 📇 Öff. R.: StaatsorgaR/GrundR/VerwR/Schemata

Assessorexamen

- 📖 Der Aktenvortrag im Strafrecht (7,90 €)
- 📖 Der Aktenvortrag im Zivilrecht (7,90 €)
- 📖 Der Aktenvortrag im Öffentlichen Recht (7,90 €)
- 📖 Staatsanwaltl. Sitzungsdienst & Plädoyer (7,90 €)
- 📖 Die strafrechtliche Assessorklausur (7,90 €)
- 📖 Die Assessorklausur VerwR Bd. 1 (7,90 €)
- 📖 Die Assessorklausur VerwR Bd. 2 (7,90 €)
- 📖 Vertragsgestaltung in der Anwaltsstation (7 €)

Irrtümer und Änderungen vorbehalten!

BWL

- 📖 Einführung i. die Betriebswirtschaftslehre (7,90 €)
- 📖 Marketing (7 €)
- 📖 Organisationsgestaltung & -entwickl. (7,90 €)
- 📖 Fallstudien Organisationsgestaltung & -entwickl.
- 📖 Internationales Management (7 €)
- 📖 Wie gelingt meine wiss. Abschlussarbeit? (7 €)

Irrtümer und Änderungen vorbehalten!

Schemata

- 📖 Die wichtigsten Schemata–ZivR,StrafR,ÖR (12,90)
- 📖 Die wichtigsten Schemata–Nebengebiete (9,90 €)

🎧 bedeutet: auch als **Hörbuch** (CD oder MP3-Download) lieferbar!

Bei **niederle-media.de** bestellte Artikel treffen idR *nach 1-2 Werktagen* ein!